El Jonrón

APRENDA LA TÁCTICA DE JUEGO DE DIOS
PARA SU VIDA Y LIDERAZGO

KEVIN MYERS
Y
JOHN C. MAXWELL

FaithWords

FaithWords
Hachette Book Group
237 Park Avenue
New York, NY 10017

www.faithwords.com

Impreso en los Estados Unidos de América

RRD-C

Primera edición: Julio 2014
10 9 8 7 6 5 4 3 2 1

FaithWords es una división de Hachette Book Group, Inc.
El nombre y el logotipo de FaithWords es una
marca registrada de Hachette Book Group, Inc.

International Standard Book Number: 978-1-4555-8774-2

Este libro está dedicado a la gente de la 12Stone Church...

Gracias por su inspirador desarrollo de El jonrón *hace más de una década. Ustedes están ejerciendo un gran impacto en su "base". La eternidad afirmará que la pasamos bien alcanzando a los perdidos, sirviendo a los hermanos más pequeños y levantando líderes. ¡Ustedes son poderosos guerreros!*

—KEVIN MYERS (ALIAS, PK)

Gracias por acompañarnos en la creación del John C. Maxwell Leadership Center (Centro de liderazgo John C. Maxwell). Juntos estamos cambiando vidas a nivel nacional e internacional.

—JOHN C. MAXWELL

Podrá encontrar información en inglés gratuita, historias, videos, materiales para grupos y recursos para iglesias en www.homerunlife.com

Contenido

Prólogo

de Craig Groeschel, fundador y pastor principal de LifeChurch.tv

¿CONOCE A ALGUIEN que parezca ser una historia de éxito de la noche a la mañana? Todo lo que toca se hace oro. Todo parece resultarle fácilmente.

Luego estamos el resto de nosotros.

El éxito no nos viene fácil. Parece que estamos siendo ponchados más de lo que estamos llegando a primera base. Anhelamos una mejor vida. Hacer una diferencia. Pero los días se vuelven semanas, luego meses, luego años. Y los sueños que alguna vez tuvimos se desvanecen a la distancia.

Nos hacemos preguntas acerca de nosotros mismos. Las preguntas que hacemos se tornan personales. *¿Qué estoy haciendo mal?*

Si usted alguna vez se ha sentido desanimado, fatigado o decepcionado, le tengo una buena noticia. Usted tiene en las manos el libro correcto.

El que está a punto de leer podría ser el mejor y más útil libro que haya leído en un largo tiempo. Ya que mientras parece que un escaso grupo de personas vive con éxito e importancia instantáneos, la vasta mayoría de nosotros no.

Tenga esto en mente: solo porque usted no tenga una historia de rico a millonario, no significa que Dios no tenga un plan asombroso para su vida. Pero también creo que Él desea hacer algo en usted antes de poder hacer algo a través de usted.

Y ahí es donde entra Kevin Myers.

Este libro tiene mucho tiempo en espera. La primera vez que escuché la historia de Kevin, le dije: "¡Tienes que escribir tu historia en un libro!".

Con modestia, se encogió de hombros luego de mi sugerencia e intentó cambiar el tema.

Yo estaba demasiado apasionado como para ser cortés y levanté la voz: "¡Escúchame! Tú no comprendes. La gente necesita escuchar esta historia. Los pastores la necesitan. Los líderes de negocios la necesitan. Los padres la necesitan. Los adolescentes la necesitan". Luego le dije otra vez tan claro como pude: "Tú... tienes... que... escribir... tu... historia... en... un... libro".

Yo creo bastante en el mensaje de este libro por varias razones. En primer lugar, Kevin no es una historia de éxito súbito. De hecho, su historia es totalmente lo contrario. Luego de abrir una iglesia, su congregación no sobrepasó las 200 personas en los primeros siete años. En el "mundo de la iglesia", eso significa que era probable que su iglesia no sobrepasara las 200 personas jamás. Pero Kevin fue persistente y fiel al llamado de Dios. Luego sucedió algo asombroso. No solamente su iglesia sobrepasó las 200 personas, sino que alcanzaron 700, 1800, 5000, 10 000, 15 000 personas, ¡y continúa creciendo! Luego de años de vivir lo que pareció ser un sueño muerto, ahora Kevin dirige una de las iglesias más grandes de Estados Unidos.

Su historia es inspiradora y factiblemente práctica. Kevin tiene una habilidad única para animar e instruir simultáneamente. Él le mostrará cuatro claves específicas y útiles para triunfar en lo que más importa.

Por último, yo soy un admirador de Kevin Myers. Él es una persona humilde, enseñable, sabia y llena de integridad. Combina un profundo amor por Dios y un rico entendimiento del liderazgo que lo llevarán de la mano paso a paso del camino para que usted se convierta en todo lo que Dios desea que usted sea.

Prepárese para recorrer las bases.

Con la ayuda de Dios y a través de este libro, ¡es tiempo de hacer un jonrón!

Deseamos agradecerles a Charlie Wetzel, nuestro escritor, quien trabajó en este proyecto durante cinco años.

A Stephanie Wetzel, quien leyó y editó el primer manuscrito en sus diferentes versiones.

A Linda Eggers, la asistente ejecutiva de John.

A Diane Heller, la asistente ejecutiva de Kevin.

1

La vida que usted desea

Introducción de John C. Maxwell

¿Está usted viviendo la vida que desea; una vida abundante como Jesús la describió en Juan 10:10? Yo creo que cada seguidor de Cristo tiene el potencial de hacer eso. No obstante, con bastante frecuencia, la vida de los creyentes no luce muy distinta a la vida de quienes no siguen a Dios. Desgarradoramente, las investigaciones muestran que la mayoría de los creyentes no viven mejor ni de manera diferente que los no creyentes. De acuerdo con la pluma de John W. Kennedy en *Christianity Today*, "existe poca diferencia entre el ingreso, el gasto, el ahorro, la deuda y la donación a caridades de los cristianos y los no cristianos".[1] Parece que los creyentes luchan con la pornografía y la lujuria tanto como los no creyentes,[2] y de acuerdo con el investigador, George Barna, las tasas de divorcio de los cristianos y los no cristianos son virtualmente idénticas, en un 32 y 33%.[3] ¿Por qué?

Creo que muchos cristianos están errando en algunos principios y prácticas fundamentales de la fe. Muchos de ellos le fueron enseñados a mi generación cuando éramos niños. Y definitivamente, la generación de mis padres las aprovecharon y las personificaron. Dios desea cambiarnos de adentro hacia fuera. Muchas personas intentan crecer de afuera para adentro. La mala noticia es que simplemente no funciona. La buena noticia es que este libro puede ayudar a una persona a cambiar y crecer

de inmediato, y a aprender aquellas piezas faltantes de fe y
desarrollo de la vida.

Una vida con un gran potencial

Kevin Myers ha descubierto un anzuelo para las verdades
bíblicas que es tan antiguo como el Antiguo Testamento. En las
páginas de la Escritura, y a través de su propia experiencia de la
vida, él ha encontrado un patrón para vivir que Dios utiliza para
ayudarle a su pueblo a vivir bien. Además, les ayuda a tomar
buenas decisiones, a crecer y a dirigir.

Como comunicador, yo aprecio un gran "anzuelo", una
manera fresca y efectiva de enseñar algo. Antes de entrar en el
gran anzuelo que Kevin descubrió para enseñar estas verdades,
permítame primero hablarle de él. Conozco a Kevin desde que
tenía diecisiete años, él llegó a un congreso de liderazgo en el
que yo estaba hablando. Como un niño en la escuela bíblica, él
era avispado, un poco intrépido y determinado a hacer grandes
cosas para Dios.

Nuestros caminos se cruzaron varias veces los siguientes
años. Recuerdo cuando me presentó a su esposa, Marcia, pronto
después de casarse. El chico se casó y se superó. Debido a que
Kevin estaba en la misma denominación y ya que trabajaba
para mi amigo, Wayne Schmidt, en Grand Rapids, Michigan,
al principio de su carrera, yo estaba al tanto de él. De hecho,
cuando supe que Kevin y Marcia planeaban plantar una iglesia
en la parte metropolitana septentrional de Atlanta a finales de la
década de 1980, Margaret y yo le extendimos un cheque de $500
dólares para mostrarle nuestro apoyo.

El momento definitorio en la relación entre Kevin y yo llegó
en un congreso de liderazgo que organicé varios años después de
que Kevin plantara su iglesia, 12Stone. Dejaré que él le cuente
la historia. Pero permítame decirle esto: Kevin es uno de los
mejores comunicadores que conozco en los Estados Unidos.
Él se ha convertido en un querido amigo mío y de EQUIP, mi

organización internacional sin fines de lucro para capacitación de liderazgo. He tenido la oportunidad de orientarlo durante más de una década. Y siento que más que nadie, él ha tomado la batuta del liderazgo de la iglesia que le pasé luego de dejar el liderazgo pastoral de tiempo completo en la iglesia local, y él lo ha manejado. Él está dirigiendo el tipo de iglesia que me habría gustado dirigir si Dios me hubiera permitido permanecer en el ministerio pastoral de la iglesia local.

Kevin es altamente energético, creativo y apasionado. Es un buen líder, un buen pensador y un alumno vitalicio del liderazgo. Es un grandioso padre y esposo. Y una de sus cosas favoritas es montar su motocicleta Harley-Davidson. Su estilo de liderazgo puede ser de cierta forma diferente a la mía, pero su corazón para la gente y su pasión por compartir a Cristo son los mismos. Él se ha convertido en un querido amigo.

Verdades atemporales en un paquete atemporal

Kevin ha estado enseñando las ideas de este libro durante casi quince años. El concepto está arraigado en Romanos 12:1-2:

> Así que, hermanos, os ruego por las misericordias de Dios, que presentéis vuestros cuerpos en sacrificio vivo, santo, agradable a Dios, que es vuestro culto racional. No os conforméis a este siglo, sino transformaos por medio de la renovación de vuestro entendimiento, para que comprobéis cuál sea la buena voluntad de Dios, agradable y perfecta.

La idea central es que existe un patrón que el mundo sigue para vivir, y existe un patrón diferente que Dios desea que sigamos, el cual le permite a la gente vivir en abundancia. Y el anzuelo que Kevin utiliza para enseñarlo es el béisbol.

Yo he conocido la enseñanza de Kevin durante más de una década, y lo he estado animando a compartirla con los demás durante años. Fiel a la personalidad de Kevin, primero quiso probarla meticulosamente. Deseaba asegurarse de que realmente ayudara a la gente y que pudiera sobrevivir al tiempo antes de compartirla más ampliamente fuera de su propia iglesia. Además, él deseaba construir credibilidad personal en su liderazgo antes de escribir su primer libro. En los primeros años, su iglesia batalló, mucho más de lo que yo supe. Eso lo hizo humilde y le enseñó muchas de las lecciones que ha aprendido.

En la actualidad, la iglesia 12Stone recibe en promedio a más de trece mil personas cada fin de semana en sus cuatro instalaciones. En 2010, fue la iglesia de más rápido crecimiento en Estados Unidos, de acuerdo con la revista *Outreach*,[4] y la iglesia continúa creciendo y trabajando para abrir instalaciones adicionales. Está marcando la diferencia en la comunidad de Gwinnet County, Georgia, una zona con un millón de habitantes. Kevin está determinado a alcanzar a tantas personas como sean posibles, mientras Dios le permita servir.

La iglesia también está trabajando para equipar a los líderes y ayudar a otras iglesias. Por ejemplo, 12Stone tiene un programa de residencia para pastores jóvenes que acaban de comenzar su carrera. Y está en proceso de abrir otro centro de liderazgo. De hecho, para cuando usted esté leyendo este libro, el centro de liderazgo estará construido y ayudando a equipar a líderes para hacer avanzar el Reino de Dios. Usted sabrá más al respecto posteriormente en el libro.

Cuando Kevin me dijo que finalmente estaba listo para compartir sus ideas, yo decidí ayudarlo. Fue cuando me ofrecí a colaborar con él en la escritura de este libro. Deseo que todos a quienes les he enseñado liderazgo a través de los años se beneficien de las ideas de este libro. Si desea vivir a la manera de Dios y desea tener un fundamento sólido sobre el cual construir su liderazgo, usted necesita estas lecciones.

Cuando Kevin originalmente le enseñó estos conceptos a su iglesia, él lo llamó "La vida diamante". Pero, a medida que hablamos de ello, yo le dije que lo que él estaba describiendo realmente era cómo tener una vida de jonrón. Y fue cuando decidimos titular este libro *El jonrón*. Todo mundo desea anotar en la vida. Todo mundo desea ser un ganador. Este libro le mostrará cómo.

Este libro contiene la historia de Kevin y las lecciones que Dios le ha enseñado con los años. Es una historia de éxito; no obstante, Kevin no solo comparte lo bueno, sino también lo malo y lo feo. A lo largo del camino intervendré para darle mi perspectiva. Además, le proporcionaré preguntas de aplicación y discusión al final de cada capítulo que le ayudarán a procesar lo que aprenda y a incorporarlo a su vida.

Dios tiene un sueño para su vida. Él lo ama. Él lo hizo único. Le ha dado dones y talentos. Lo creó con un propósito, ¡y usted puede llevarlo a cabo! Puede aprender a tener satisfacción como el apóstol Pablo. Usted puede vivir en abundancia como Jesús lo ofreció. Eso significa seguir a Dios y hacer las cosas a su manera. Pero siempre recuerde que Dios finalmente desea lo mejor para usted. Cuando hacemos las cosas a la manera de Dios, el viaje no siempre es lo que esperamos, pero siempre es mejor de lo que imaginamos y más de lo que merecemos. Démosle vuelta a la página y comencemos.

2

Esperanzas, sueños y demoras

TODO MUNDO TIENE sueños. Comienzan con las fantasías infantiles en que los niños a menudo imitan a Supermán y las niñas juegan a ser la superestrella, Barbie. Pero pronto formamos sueños reales para nuestro futuro. Soñamos con tener éxito en una carrera. Con tener amigos grandiosos. Con poseer la libertad de viajar y buscar la aventura. Con encontrar al amor de nuestra vida y decir "acepto" para siempre. Luego, con añadir algunos niños. Comprar una casa e ir de vacaciones a Disney. (Yo soñaba con tener cinco hijos. Luego de la realidad de tener uno, me contenté con detenerme con dos. Pero eso no funcionó. Y ahora tengo cuatro. Los amo a todos, pero esa es otra historia).

Hayamos pensado en ello o no, también esperábamos que cuando nos miráramos en el espejo, pudiéramos respetar a la persona que miraríamos en él. Y aunque no utilizamos las mismas palabras, deseábamos que nuestra vida importara, que marcara la diferencia, que tuviera un significado, que contara. Soñábamos con tener una buena vida, una vida plena. Deseábamos "hacer un jonrón".

Piense en cuando era joven, posiblemente cuando salió de la preparatoria o estaba camino a la universidad. ¿Cuál era su sueño? ¿Tener éxito en su carrera? ¿El éxito financiero? ¿Estar casado y enamorado de la vida? ¿Tener una familia sólida con hijos? ¿Amigos confiables? ¿Tiempo libre? ¿Ser libre de las adicciones? ¿Tener paz en el alma? ¿Una fe espiritualmente resuelta? ¿Salud? ¿Felicidad?

No se apresure a dejar atrás esta pregunta. Mucha gente ha

olvidado sus sueños desde hace mucho tiempo debido a una profunda desilusión. Espero que eso no lo describa a usted. Una vida sin esperanzas ni sueños no es vida en absoluto.

El nombre de este libro es *El jonrón*. La mayoría de nosotros deseamos experimentar lo equivalente a un jonrón en la vida, una vida en la que los sueños de nuestra juventud son cumplidos. ¿Usted tiene ese tipo de vida? ¿Ha triunfado? ¿O se parece más a mí: alguien que ha experimentado demasiadas esperanzas no cumplidas y sueños quebrantados?

O posiblemente a usted le ha ido bien en un aspecto de la vida, pero está atorado en otro. Muchos ganan la competencia en su carrera profesional, pero fracasan en su matrimonio. Pueden tener finanzas estables, pero hacen que su familia sea inestable. Construyen su reputación para el éxito, pero arruinan su cuerpo en el proceso. Conducen hacia el objetivo que crean, no obstante se alejan del Dios que los creó.

Soñar con una vida grandiosa es mucho más fácil que construir una, ¿cierto? Quienes ganamos en un aspecto y fracasamos en otro, nos preguntamos: *¿Existe alguna manera de hacer un jonrón en todos los aspectos de la vida? ¿Hay un secreto que pude haber esquivado en el viaje de la vida?* Yo pensé esto a menudo mientras mis esperanzas y mis sueños se colapsaban.

Hay más para nosotros

Yo creo que Dios tiene más para nosotros de lo que la mayoría de nosotros está viviendo. Él desea que tengamos una vida que importe, un tipo de vida de jonrón. ¿Por qué lo digo? Porque Jesús dijo: "Yo he venido para que tengan vida, y para que la tengan en abundancia".[1] La venida de Jesús a la Tierra fue sin duda el momento más profundo de toda la historia de la humanidad. El Dios del universo vivió en carne humana en medio de nuestros sueños rotos. Ese hecho debe decirnos cuatro cosas:

1. Dios nos ama *más* de lo que sabremos

Para nosotros es muy difícil comprender el amor con el que Dios nos ama. Para parafrasear a Jesús cuando estaba intentando expresar cuán profundamente se preocupa por nosotros, Él dijo: "Dios amó tanto al mundo que me entregó a mí, su único hijo. Él lo hizo para que cualquiera que crea en mí no pereciera, sino tuviera vida eterna".[2]

Eso puede ser difícil de creer en un mundo de sueños rotos y familias rotas. Luego de que mis padres pasaran por un divorcio cuando yo tenía entre once y doce años de edad, mi padre se volvió indiferente conmigo. Puedo decirle que los años de la adolescencia son una difícil temporada para distanciarse de su padre. Eso no fue algo nimio por lo cual pasar o que superar. Y los años subsiguientes, yo tuve el gran riesgo de proyectar la imagen de mi padre terrenal en mi Padre celestial. Pero en lo profundo, yo sabía que Dios no era indiferente hacia nosotros.

La vida abundante que Jesús describió comienza al saber que Dios nos ama más de lo que sabremos. No importa cuán poco o mucho crea en el amor de Dios, hay más. Aunque usted sea la persona más segura del mundo que sabe en las profundidades de su alma que Dios le ama, todavía no ha arañado la superficie del amor de Dios.

2. Hay *más* de Dios

No importa cuán cercano esté de Dios y cuán bien lo conozca, usted necesita recordar que hay más de Dios. La profundidad y la anchura del poder de la grandeza de Dios nunca se ha medido. Entre más conocemos a Dios, más descubrimos que hay más que conocer de Él. Entre más cerca estemos de Él, más grande se vuelve. Incluso cuando llegue a su propio límite, usted nunca llega al límite de Dios. Busque a Dios y en tiempo se unirá a los escritores antiguos que simplemente confesaron: "Dios no tiene comparación en el cielo ni en la Tierra".

3. Dios ha puesto *más* en nosotros

Dios nos creó a su imagen y semejanza desde el principio. Él nos creó para gobernar en su nombre sobre la Tierra. Y Él desearía que supiéramos que ha puesto más talento en cada uno de nosotros de lo que jamás hemos desarrollado. Es por ello que podemos pasar la vida creciendo y nunca acabar. De hecho, fuimos creados para la aventura de crecer de por vida.

Dios también ha puesto más tenacidad en cada uno de nosotros de lo que jamás hemos utilizado. La única razón por la que todo se acaba de verdad para nosotros es porque elegimos renunciar, no porque tengamos que renunciar. Dios ha puesto una fuerte voluntad en los seres humanos. Y cuando decidimos confiar en Jesús para el perdón del pecado y seguir su estrategia para la vida, Él pone todavía más en nosotros: su Espíritu Santo literalmente mora en nosotros. Eso nos da el poder de Dios en nosotros para que podamos perseguir los sueños que Dios tiene para nosotros.

Una mañana temprano, me encontraba leyendo la historia de David, y me asombró algo que leí. Eso remodeló para siempre mi forma de pensar acerca de Dios. La historia de David nos es muy familiar, y él es conocido por muchas cosas: por su batalla con Goliat cuando era adolescente. Por ser un pastor que se convirtió en un gran guerrero y luego en rey de Israel. Por escribir los Salmos. Pero también sabemos acerca de su fracaso debido a su aventura con Betsabé. Esa mañana en particular, descubrí que había estado tan enfocado en el fracaso y el sueño roto de David que me había perdido de la naturaleza de Dios revelada en la historia.

Luego de la aventura, Dios usó a Natán el profeta para confrontar el pecado de David. Hablando por Dios, Natán le dijo: "Y te di la casa de tu señor, [...] además te di la casa de Israel y de Judá; y si esto fuera poco, te habría añadido mucho más".[3] Mientras leía este versículo, Dios atrajo mi atención. Dios deseaba más para David, y sentí que Dios estaba intentando hacerme comprender que Él desea más para aquellos a quienes ama.

Eso transformó mi manera de ver a Dios, y nunca he sido el mismo. La experiencia restableció la verdad de la naturaleza de Dios. Él es un Dios generoso que desea darnos más. No es de sorprenderse que la iglesia temprana fuera animada por las palabras de Efesios que describen a Dios como quien es "poderoso para hacer todas las cosas mucho más abundantemente de lo que pedimos o entendemos".[4]

La perspectiva de John

Kevin refiere uno de mis versículos favoritos cuando cita Efesios 3:20. Demasiadas personas subestiman el deseo que Dios tiene de bendecirlos por amor. Nunca debemos tener una mentalidad de escasez cuando se trata de Dios. Él es el autor de todo, el Creador que formó el universo de la nada. Sus recursos y su amor nunca se pueden agotar. Y debido a que Él nos ha dicho que nos ama, nosotros debemos tener una mentalidad de abundancia. Dios desea más para usted. La pregunta es si usted está dispuesto a recibirlo.

Dios está íntima y personalmente involucrado en los sueños de nuestra vida. ¿Y qué desea para nosotros? Más. Con eso no me refiero a más cosas materiales. Me refiero a un nivel más profundo: más importancia, más buenas relaciones, más satisfacción del alma, más impacto, más conexión con Dios; la vida en abundancia. De manera que si Jesús vino para que tuviéramos vida en abundancia, ¿cómo es que la mayoría de nosotros vivimos medio llenos o incluso vacíos? La respuesta es simple pero también sobrenatural. Si usted está dispuesto a continuar con nosotros en el viaje de este libro, le ofrecemos una estrategia para la vida y el liderazgo que lleva a una vida en abundancia. El viaje comienza con un paseo en autobús.

Aborde el autobús

"¿Cómo logró que John Maxwell lo orientara personalmente?". Me han hecho esa pregunta repetidamente. ¿Mi respuesta? Abordé un autobús.

En enero de 1997, cincuenta líderes de 12Stone Church abordaron un autobús alquilado directo a Winston-Salem, Carolina del Norte. Todos estos líderes voluntarios tuvieron que abordar y pagar por su cuenta. ¿El destino? El congreso de liderazgo de John Maxwell.

El otoño anterior experimenté un impulso inconfundible de Dios. Durante los años tuve muchos, pero nunca uno acerca de asistir a un congreso de liderazgo. Y este impulso tenía varias cosas en contra. El congreso estaba a cinco horas en autobús. Además era un momento inoportuno: ¿quién querría hacerlo justo después de Navidad y Año Nuevo?

Yo dudé durante un par de semanas, casi haciendo a un lado el impulso como si hubiera sido resultado de una indigestión. Pero la presión en mi espíritu era innegable, de manera que aparté el tiempo en mi calendario. Luego, les pedí a cincuenta y tantos líderes de 12Stone que se me unieran, vergonzosamente intentando explicar la invitación: "Eh, bueno, Dios me dijo que asistiera a este congreso y los invitara. Él tendrá que hacer lo mismo, porque es bastante inconveniente justo después de las fiestas". Curiosamente, llenamos el autobús.

Aunque había conocido a John cuando tenía diecisiete años, durante los años asistí a varios congresos y leí cada libro que él escribió, yo no estaba seguro de que él me recordara. De manera que antes del evento, le entregué una nota para decirle: "¡Vienen cincuenta personas de nuestra iglesia y espero que sea un buen congreso!".

Fue un largo camino en autobús desde Winston-Salem, y cuando llegamos demorados a nuestro hotel en la tarde, descubrimos que habían perdido nuestras reservaciones. Dichosamente, nosotros teníamos el número de confirmación; lamentablemente, ellos no tenían habitaciones. De manera que el personal del hotel se apresuró y nos encontró habitaciones en un mejor hotel sin cargo. Fue un lío, pero sacamos lo mejor de ello.

Cuando todos estábamos registrándonos en nuestras habitaciones, comenzó el alboroto. "Miren —alguien dijo—, ahí está

John Maxwell". Él estaba registrándose. Nos habían mudado a su hotel. Le di la mano e intenté parecer seguro, aunque en realidad me sentí intimidado. Me sentí tonto por escribirle la nota, pero al menos me había conectado con el hombre que alimentaba mi motor de liderazgo.

La mañana siguiente mientras abordábamos el autobús, vimos que el hombre que debía llevar a John al congreso había dejado sus llaves en el coche con el motor encendido. De manera que invitamos a John al autobús para llevarlo a su propio congreso. Nosotros soltamos comentarios sarcásticos y John no tuvo problema en devolvérnoslos. Fue un viaje divertido y estableció el tono para que tuviéramos un congreso interesante. Como un gesto generoso de agradecimiento, John nos compró el almuerzo a los cincuenta de nuestro grupo. Y al final de la conferencia, John acordó unírsenos para cenar, algo que más tarde comprendí era una excepción única.

Durante la comida, me senté a la mesa con John Maxwell, experimentando dos emociones contrastantes: emoción y terror. Yo estaba emocionado, porque finalmente podría preguntarle lo que deseara al gurú del liderazgo. El terror: ¿Qué podría preguntarle al gurú del liderazgo sin lucir tonto? Dichosamente, la emoción ganó y le pregunté: "John, ¿qué harías si estuvieras enfrentando un conflicto importante con tus líderes de denominación y sintieras que necesitaras marcharte, separarte literal y legalmente?".

John y yo pertenecíamos a la denominación Wesleyana, de manera que él comprendía las complicaciones y los matices de mi pregunta. Le expliqué algunos detalles, y él respondió: "Kevin, a veces Dios colocará a un líder menos dotado sobre un líder más dotado para probar la humildad del líder emergente. Usted tiene que decidir si es tiempo de marcharse o tiempo de humillarse".

Si Dios mismo hubiera elegido hablar audiblemente, podría no haber sido más punzante ni claro. En ese momento comprendí que es posible que los líderes estén en su posición *correcta* y a la vez *equivocados* en sus acciones. Yo supe que tendría que humillarme (cómo resultó aquello es una larga historia para otro momento; sin embargo, sepa que 12Stone está agradecidamente vinculada a nuestra denominación, a la vez que tiene la libertad de dirigir con nuestro llamado único en la comunidad).

La cena llegó a su fin, y parecía apropiado cerrar con una oración. Sin razón particular alguna, le pedí a las cincuenta personas que formaran un círculo en el salón privado que ocupábamos. Le agradecimos a John por asistir y le pedí entonces al miembro de nuestro consejo y amigo, Chris Huff, que orara.

Se necesita del Espíritu Santo para explicar lo que sucedió después. Todo lo que sé es que yo estaba espiritualmente abrumado sin causa ni razón aparente. Mientras Chris oraba, yo comencé a llorar, lo cual me tomó por sorpresa. Me sentí tonto, hasta que abrí los ojos y descubrí que los demás también estaban llorando, incluso John.

"Kevin—dijo John, volteando hacia mí—, creo que el Espíritu Santo me acaba de pedir que te guíe. Si estás interesado, esa es mi oferta".

Yo estaba deshecho. Hice un gran esfuerzo por contenerme emocionalmente. Sé que eso suena blandengue, pero yo no podía recuperar la postura. Y nadie más que Dios y yo —ni John Maxwell, ni mis amigos más cercanos, ni mi esposa— supieron por qué. Eso significó un cambio espiritual que me cambió la vida, lo cual explicaré en el siguiente capítulo.

Esa tarde nos marchamos al largo camino en autobús. Esas cinco horas se volvieron un servicio eclesiástico móvil de la gracia de Dios. Persona tras persona tomó el micrófono y habló acerca de lo que Dios había incentivado en ellos durante el congreso o después del momento de oración.

Ese continúa siendo uno de los momentos más sobrenaturalmente cargados de mi vida. Y pensar que podría habérmelo perdido si hubiera dejado de lado el impulso de Dios que experimenté semanas atrás. ¿Cuántas veces Dios ha susurrado algo en nuestro espíritu que descartamos con desinterés? A veces un impulso puede ser tan inusual como un viaje en autobús. Puede ser un simple acto de bondad. Dios puede pedirnos que comencemos algo o que dejemos de hacer algo. ¿Cómo sería mi vida ahora si yo no hubiera asistido a ese congreso de liderazgo? ¡Me habría perdido de tener a John como mentor! Necesitamos ser hombres y mujeres que le digan que sí a Dios cada vez que nos hable. Ese *"más"* que tiene Dios para nosotros normalmente está del otro lado del "Sí, Señor".

La perspectiva de John

Esa fue la única vez que la persona que debía transportarme a un congreso para dar una conferencia dejó sus llaves en el coche con el motor encendido. Debí haber sabido que Dios tenía un plan. Cuando el amigo de Kevin, Chris, oró, yo *supe* que Dios tenía algo en mente, porque su presencia era *clara*. Yo seguí la dirección de Dios al preguntarle a Kevin si podía ser su mentor. He sido grandemente recompensado al ver crecer a Kevin en su liderazgo. Ser su mentor ha sido un gozo, porque él siempre se prepara antes de que nos veamos, me hace preguntas difíciles e implementa lo que aprende. Y todo lo hace para la gloria de Dios. Si usted siente que Dios lo está impulsando a hacer algo, no lo subestime ni lo ignore. Siga la dirección de Dios. Usted nunca sabe a dónde puede estarlo llevando.

De manera que la respuesta corta de cómo logré que John Maxwell fuera mi mentor es que obedecí un impulso de Dios. Para comprender la importancia de su oferta, necesito llevarlo más atrás en mi historia personal.

Dios nos da sueños a todos

Cuando fuimos en el viaje en autobús en 1997, 12Stone Church tenía diez años. Pero la pasión de plantar una iglesia había venido mucho antes en mi vida, cuando tenía dieciséis años. En ese tiempo, yo estaba intentando encontrar estabilidad, porque fui producto de una familia arruinada. Como lo mencioné anteriormente, mis padres se divorciaron a principios de la década de 1970, antes de que eso fuera tan común. Aunque mis padres habían asistido a la iglesia desde mi niñez, hubo cosas que nunca le rindieron a Dios, y eso destruyó su matrimonio y nuestra familia. Luego del divorcio, mi vida se hundió en la miseria. Los tres hombres más importantes de mi vida me dejaron: mi papá y mis dos hermanos mayores, quienes finalmente se fueron a vivir con él. Yo viví con mi mamá y mi hermana menor, y nos sentíamos completamente solos. Vivíamos en una vivienda subvencionada por el gobierno. Papá enviaba poco dinero, y mamá, al haber desertado de la preparatoria, tenía trabajos de sueldo mínimo para ayudarnos a sobrevivir.

Batallábamos económicamente, pero no en la fe, de la cual mamá nos daba ejemplo en palabras y en acciones. Ella solía decirme que Dios tenía más para mí, si yo estaba dispuesto a escucharlo y a seguirlo completamente. Mientras tanto, ella buscaba a Dios diligentemente, servía en la iglesia y honraba a Dios con la primicia del diez por ciento, el diezmo y todo lo que ganaba, a pesar de la pobreza. Aunque yo me había acercado a Cristo a los diez años, las luchas de nuestra familia me marcaron, y yo soñaba con una mejor vida material. Esperaba ser abogado algún día. Pero también sentía que Dios deseaba que me convirtiera en pastor.

El momento más definitorio de mi vida y mi fe sucedió en el otoño de 1977. Yo me encontraba sentado a solas en mi habitación, hablando con Dios e intentando averiguar qué dirección tomar en mi vida. Tenía poca experiencia en aprender cómo distinguir las indicaciones de Dios de mis propios deseos, pero yo deseaba tomar una decisión —de una vez por todas— con respecto a lo que haría en mi carrera. De manera que con toda la sabiduría de mis dieciséis años, le dije a Dios: "Tomaré mi Biblia, la abriré al azar y pondré mi dedo en un versículo. Si deseas que sea pastor, entonces tienes que mostrármelo claramente. De otra manera, me volveré abogado". Por cierto, no lo recomiendo. Pero Dios, en su misericordia, a menudo se encarga de los jóvenes y los tontos. En ese tiempo, yo era ambas cosas.

Cerré los ojos, abrí mi Biblia y puse mi dedo en una página. Cuando miré, esto es lo que mi dedo estaba señalando:

Y vosotros seréis llamados sacerdotes de Jehová, ministros de nuestro Dios seréis llamados.

Yo quedé asombrado. Era Isaías 61:6. Rápidamente fui al principio del capítulo y leí:

El Espíritu de Jehová el Señor está sobre mí, porque me ungió Jehová; me ha enviado a predicar buenas nuevas a los abatidos, a vendar a los quebrantados de corazón, a publicar libertad a los cautivos, y a los presos apertura de la cárcel; a proclamar el año de la buena voluntad de Jehová [...] y serán llamados árboles de justicia, plantío de Jehová, para gloria suya.[5]

Eso fue todo; ahora sabía qué hacer. Dios no podía haber hecho mi llamado más claro. Mi sueño y su sueño para mí ahora eran uno y el mismo. Eliminé la idea de convertirme en abogado e hice lo único que sabía en ese momento como adolescente. Escribí la fecha y la hora en la Biblia como mi "SÍ" a Dios: 13 de noviembre de 1977, a las 10:55 p. m.

Durante esa temporada de mi vida, más tarde tuve lo que podrían llamarse dos "visiones" de Dios. La primera es difícil de explicar, porque Dios utilizó la imagen de una casa de la risa. Nuestra familia había visitado con frecuencia un parque temático llamado Cedar Point, cuando era niño. Entre las diferentes atracciones había una sencilla casa de la risa llena de cosas como suelos inclinados, un cuarto de espejos y un cuarto al revés. Para salir de la casa de la risa teníamos que ir a gatas hacia un oscuro tobogán que iba en espiral y nos echaba hacia la arena fuera del juego. En realidad nunca me entusiasmó ese tobogán; aunque era divertido, también era oscuro y claustrofóbico.

Nov. 13, 1977 10:35 p.m.

CHAPTER 61

THE ᵃSpirit of the Lord ¹GOD is upon me,
Because the LORD has anointed me
To bring good news to the ²ᵇafflicted;
He has sent me to ᶜbind up the brokenhearted,
To ᵈproclaim liberty to captives,
And ³freedom to prisoners;

2 To ᵃproclaim the favorable year of the LORD,
And the ᵇday of vengeance of our God;
To ᶜcomfort all who mourn,

3 To ᵃgrant those who mourn *in* Zion,
Giving them a garland instead of ashes,
The ᵇoil of gladness instead of mourning,
The mantle of praise instead of a spirit of fainting.
So they will be called ¹ᶜoaks of righteousness,
The planting of the LORD, that He may be glorified.

4 Then they will ᵃrebuild the ancient ruins,
They will raise up the former devastations,
And they will repair the ruined cities,
The desolations of many generations.

5 And ᵃstrangers will stand and pasture your flocks,
And ¹foreigners will be your farmers and your vinedressers.

6 But you will be called the ᵃpriests of the LORD;
You will be spoken of *as* ᵇministers of our God.
You will eat the ᶜwealth of nations,
And in their ¹riches you will boast.

7 Instead of your shame *you will have a* double *portion,*
And *instead of* humiliation they will shout for joy over
their portion.
Therefore they will possess a double *portion* in their
land,
ᵃEverlasting joy will be theirs.

8 For I, the LORD, ᵃlove justice,
I hate robbery ¹in the burnt offering;
And I will faithfully give them their recompense,
And I will make an ᵇeverlasting covenant with them.

9 Then their offspring will be known among the nations,
And their descendants in the midst of the peoples.
All who see them will recognize them
Because they are the offspring *whom* the LORD has
blessed.

10 I will ᵃrejoice greatly in the LORD,
My soul will exult in ᵇmy God;
For He has ᶜclothed me with garments of salvation,
He has wrapped me with a robe of righteousness,
As a bridegroom decks himself with a garland,
And as a bride adorns herself with her jewels.

11 For as the earth brings forth its sprouts,
And as a garden causes the things sown in it to spring up,
So the Lord ¹GOD will ᵃcause ᵇrighteousness and praise
To spring up before all the nations.

1 ¹YHWH, usually rendered LORD ²Or, *humble* ³Lit., *opening to those who are bound.* ᵃIs. 11:2; 48:16; Luke 4:18, 19 ᵇIs. 11:4; 28:19; 32:7 ᶜIs. 57:15 ᵈIs. 42:7; 49:9

2 ᵃIs. 49:8; 60:10 ᵇIs. 2:12; 13:6; 34:2, 8 ᶜIs. 57:18; Jer. 31:13; Matt. 5:4

3 ¹Or, *terebinths* ᵃIs. 60:20 ᵇPs. 23:5; 45:7; 104:15 ᶜIs. 60:21; Jer. 17:7, 8

4 ᵃIs. 49:8; 58:12; Ezek. 36:33; Amos 9:14

5 ¹Lit., *sons of the foreigner* ᵃIs. 14:2; 60:10

6 ¹Or, *glory* ᵃIs. 66:21 ᵇIs. 56:6 ᶜIs. 60:5, 11

7 ᵃPs. 16:11

8 ¹Or, *with iniquity* ᵃIs. 5:16; 28:17; 30:18 ᵇIs. 55:3; Gen. 17:7; Ps. 105:10; Jer. 32:40

10 ᵃIs. 12:1, 2; 25:9; 4:16; 51:3 ᵇIs. 49:4 ᶜIs. 49:18; 52:1

11 ¹YHWH, usually rendered LORD ᵃIs. 45:23, 24; 60:18, 21 ᵇPs. 72:3; 85:11

1041

Explico todo eso porque en esta visión, yo estaba en la cima del tobogán y una interminable fila de personas estaba saliendo de la casa de la risa y me pasaban para irse por el tobogán. Pero yo comprendí que eso representaba algo espiritual. Era simbólico. El tobogán llevaba a una horrible eternidad sin Dios. La gente estaba ignorando a Dios y satisfaciéndose en un esfuerzo por cumplir los sueños de su vida, no obstante habían creído una mentira. Yo estaba dolorosamente consciente de que ellos iban riendo de camino a su destrucción.

En la visión, Dios me colocó en la entrada del tobogán para rescatar a la gente de ahí. Y la carga de su versión confundida de diversión y de su destrucción inminente era tan pesada para mí que estaba llorando. Yo estaba comenzando a rogar y a suplicar para evitar que la gente entrara en ese tobogán.

Cuando desperté de la visión, Dios simplemente me dijo: "Este es el propósito de tu vida. La gente perseguirá cosas en este mundo como si fuera una casa de la risa y se irán por el tobogán a una eternidad sin mí. Yo deseo que tú cargues el peso de alguien que sabe lo que hay en juego. Alcanza a tantas personas como sea posible y disuádelas de irse por el tobogán".

Hice un dibujo de esa visión, y ha estado sellada en mi mente desde entonces. Yo supe que mi trabajo era comunicar el amor de Dios y su oferta de una vida eterna, y que algún día debía plantar una iglesia con ese propósito.

La segunda visión fue la de un enorme auditorio, un espacio tipo coliseo lleno de miles de personas. Cuando alguien subió a hablar, me asombró por completo, porque no era la persona que yo esperaba. ¡Era yo! Y por alguna razón, yo sabía que había un número vinculado con esa imagen: once mil. Tengo que admitir que nunca he comprendido por completo ese número. En ese tiempo pensé que Dios me estaba diciendo que la iglesia que yo dirigía sería así de grande algún día (la iglesia más grande que había visto entonces era de doscientas o trescientas personas). Todavía no estoy seguro de todo lo que significó la visión, pero esto es lo que concluí entonces: *Dios, tú me has dado un sueño de plantar una iglesia que alcanzará a miles de personas que no han tomado una decisión espiritualmente. Tú deseas que ayude a miles a descubrir tu sueño para su vida. Me entrego por completo. Entregaré mi vida en búsqueda de esa visión, y te serviré, porque creo que tú harás todo esto.*

Créame, yo sé que estas son experiencias inusuales. La mayoría de las personas no reciben una visión real de Dios, mucho menos dos. Y la mayoría de las personas no son lo suficientemente ingenuas como para basar la decisión más importante de su vida en un juego de ruleta bíblica. Pero todos somos llamados por Dios. Todos están invitados por Dios para venir a Él a través de Jesucristo. Y todo aquel que acepta la invitación de Jesús es atraído a Él y es llamado a un propósito.

La perspectiva de John

Creo que Dios desea que seamos exitosos. Pero creo que la definición que Dios tiene de éxito es diferente a la del mundo. Para ser exitosos no necesitamos ser ricos. No necesitamos ser famosos. Ni siquiera necesitamos ser felices. El éxito es...

Conocer a Dios y su propósito para nuestra vida,

crecer al máximo potencial y

sembrar semillas que beneficien a los demás.

Ese es el tipo de éxito que todos pueden alcanzar, cuando Dios es su ayudador.

Dios tiene sueños para la vida de todos. Y lo crea o no, si está dispuesto a seguir a Dios y ser sincero consigo mismo, usted descubrirá que los sueños que usted tiene para su vida y el sueño que Dios tiene para usted pueden ser uno y el mismo.

Los sueños a veces resultan de manera distinta a lo que esperamos

Si usted obtiene un llamado y una visión de Dios a los dieciséis años y busca a Dios con todo su corazón —aunque venga de una familia disfuncional—, entonces Dios hará su parte y hará que suceda, ¿cierto? ¡Usted vivirá feliz para siempre!

No exactamente.

Avancemos diez años a 1987. Había terminado la escuela bíblica y me había casado con Marcia, mi novia en la universidad y el amor de mi vida. Yo tenía veintiséis años y estaba trabajando como pastor. Para entonces había estado en el ministerio durante una década, primero como líder voluntario y luego exitosamente como pastor oficial de la Kentwood Community Church (fuera de mi ciudad natal de Grand Rapids, Michigan). Yo había pagado mis cuotas, había obtenido experiencia, me había ido bien en Kentwood, y finalmente había llegado el momento de cumplir la visión que Dios me había dado de plantar la iglesia que Dios me había mostrado de adolescente.

Marcia y yo nos mudamos de nuestra casa en Kentwood, Michigan, y nos trasladamos al condado de Gwinnett, Georgia, al noreste de Atlanta, el lugar al que creíamos que Dios nos había llevado. Como preparación para plantar una iglesia, habíamos hecho todo lo que los expertos nos dijeron que hiciéramos: Habíamos ahorrado dinero; tuvimos la bendición y el apoyo de nuestra iglesia de Kentwood que nos ayudó a comenzar; y habíamos reclutado a tres familias para que se mudaran con nosotros a Georgia. Estábamos listos.

Tan pronto como nos mudamos a nuestro departamento en el sur, nos pusimos a trabajar. Con la ayuda de nuestro equipo, visitamos cuatro o cinco mil casas e hicimos veinte mil llamadas a las personas de la comunidad. Indagamos acerca de los intereses espirituales de la gente e invitamos a todos los que no tuvieran iglesia a que asistieran a nuestro primer servicio. Congregamos un grupo de veinte personas locales y comenzamos a reunirnos en nuestro departamento. Incluso personas recibieron a Cristo en nuestra sala de estar antes de que abriéramos la iglesia oficialmente. Luego de todas aquellas preparaciones, finalmente estuvimos listos para comenzar la iglesia.

Más de ochocientas personas de la comunidad habían dicho que asistirían al servicio dominical de inauguración. Renté una sala de cine con 440 asientos, pensando que aproximadamente la mitad de las personas que dijeron que planeaban venir asistirían. Eso sería un grandioso comienzo para una iglesia.

La mañana del primer servicio finalmente llegó. Y cuando subí al escenario, fui recibido por una audiencia de… sesenta y nueve personas. Además de los niños y los servidores, el total era de 104 personas. Ese no fue el día de inauguración transformador que yo imaginaba. Yo había esperado hacer un impacto en la comunidad. Pero el impacto de ese día lo recibí yo. No podía ver a la gente que había asistido. ¡Todo lo que podía ver eran los 371 asientos vacíos! Ese día me invadió un temor como nunca lo había experimentado. No el tipo de temor que desaparece luego de un juego difícil. Estoy hablando acerca del temor que amenaza con aplastar las esperanzas, los sueños y los deseos de su corazón. Fue el tipo de temor que desplaza la fe en lo profundo del alma; el temor que socava la confianza poco a poco.

Posiblemente usted haya conocido ese tipo de temor. Posiblemente esté viviendo con él ahora mismo. Y tal vez eso le haga desestimar rápidamente la esperanza de tener una vida de jonrón. Usted sabe lo que representan los "asientos vacíos" de su vida. Posiblemente su familia de pequeño fue imperfecta como la mía, o peor. O usted soñó un matrimonio pleno pero se siente vacío. O soñó con una plena aventura en su carrera, pero resultó estar hueca. O abrió un nuevo negocio pero obtuvo la mitad de lo que necesitaba para sobrevivir. O en realidad fue exitoso y esperaba que eso lo llenara, no obstante lo ha dejado sintiéndose vacío por dentro.

Mis expectativas para nuestra gran apertura habían sido enormes; mis resultados no lo fueron. Luego, a la semana siguiente, ¡asistió la mitad de la gente!

Terminamos siendo una pequeña iglesia de aproximadamente cincuenta personas. Todo lo que podía ver delante de mí eran luchas. No deseaba pelear las pequeñas pero difíciles batallas de romper la barrera de las cien personas, luego la barrera de las doscientas personas. Deseaba comenzar con una multitud importante. Y esperaba que así fuera. Después de todo, Dios me había dado una visión para miles. ¡No se puede comenzar con tan poco y esperar volverse tan grande! ¿Qué estaba sucediendo con el sueño?

El temor me apretó con mayor intensidad. Pensé: *¿Y si la iglesia nunca crece? ¿Y si nunca alcanzamos gente para Dios? ¿Y si mis temores más profundos son verdaderos —que mi vida no importará—? ¿Y si me atoro en un trabajo marginal, con una pequeña iglesia, en las líneas laterales de la vida, haciendo cosas sin importancia real y sin jamás hacer ningún impacto considerable? ¿Y si mi vida es un fracaso, y el sueño es un espejismo?* El solo pensarlo me paralizó.

Me gustaría decirle que me recuperé de ello. Pero no puedo. Durante los siguientes años, la iglesia batalló. Y yo también. En mi liderazgo yo no llegaba a nada excepto a obstáculos. Y me costó cada centavo que tenía mantener a flote la iglesia. Marcia y yo, quienes entonces éramos padres de dos niños pequeños, vaciamos nuestra cuenta de ahorros para sobrevivir. Perdimos nuestra casa, perdimos nuestros dos coches más nuevos y nos conformamos con uno muy usado. Luego de tres años de esto, la iglesia estaba en quiebra y nosotros también.

Luego empeoró. Perdimos nuestro seguro médico. No puedo explicar la intensidad y la profundidad de mi desánimo. "De acuerdo, Dios —oré— tú nos llevaste de Michigan a Georgia, y no te molestaste en venir con nosotros. Dejaste que nuestros sueños se fueran a pique. Estoy prácticamente en bancarrota, y parece que tú no puedes cambiarlo —me desahogué—. ¿Puedes al menos mantener saludable a mi familia hasta que podamos obtener un seguro médico en seis meses?".

La respuesta fue no. Casi de inmediato, nuestra hija enfermó gravemente y acumulamos miles de dólares en cuentas de hospital. Tuve que firmar un pagaré para que la trataran. *Grandioso,* pensé, *ahora puedo agregar el fracaso financiero al fracaso de mi carrera.*

Supongo que lo peor de mi descenso hacia los sueños rotos sucedió cuando le pedí a Marcia que volviera a trabajar. Yo le había prometido que una vez que tuviéramos hijos, ella podría dejar el trabajo y dedicarse a los hijos a tiempo completo. Pero estábamos desesperados. Me sentí humillado. ¡Ni siquiera podía proveerle a mi familia! Marcia regresó a trabajar.

Yo ya había tenido trabajos alternos para ayudarnos a mantenernos a flote, pero ahora tenía que hacer más. Me fui a la biblioteca pública y encontré un videocasete de bricolaje sobre cómo instalar azulejos. Lo estudié. Luego discretamente acepté trabajos de construcción en la noche para colocar azulejos en la cocina de restaurantes para traer ingresos sin decirle a nadie.

Pasó más tiempo y continuábamos batallando.

En 1991, luego de casi cuatro años viviendo así, ya estaba harto.

Al reunirnos en varias instalaciones rentadas, habíamos crecido de cincuenta personas a ochenta y dos. Yo estaba listo para cerrar la iglesia y abandonar el sueño. Mi liderazgo era ineficaz. Estábamos en el umbral de la bancarrota personal. Yo estaba poniendo el estrés sobre mi esposa. Y no podía continuar mintiéndome, diciendo: *En cualquier momento la iglesia despertará.* Yo estaba fallando completamente y la evidencia era abrumadora: Dios no me daría un jonrón. El sueño estaba muerto.

Quebrantado y humillado, conduje de vuelta a Grand Rapids para hablar con Wayne Schmidt, mi antiguo jefe de la Kentwood Community Church, donde yo había sido exitoso como parte del personal. Me senté en su oficina y me desahogué. Le conté acerca del dolor de nuestra situación. Le dije que había fracasado. Y reuní la poca valentía que me quedaba para hacerle una pregunta: ¿Estaría dispuesto a devolverme mi antiguo trabajo?

"Sí —dijo él— pero ahora no". Tuve una esperanza durante un breve momento; luego comencé a sentirme paralizado. "Creo que estás exactamente donde Dios te quiere", dijo él amablemente. Me animó a que le diera más tiempo para que todo se estabilizara. Yo deseaba decir: *Simplemente no está en mí,* pero me senté calladamente. Luego cerró con algo que nunca olvidaré: "Kevin —dijo él—, si has perdido tu fe, entonces toma prestada la mía".

Regresé a casa confundido y derrotado. ¿Qué haría yo? No podía regresar, no podía seguir, pero tampoco podía renunciar. ¿Qué rayos debía hacer?

¿Qué debemos hacer con nuestros sueños rotos?

Ahí es donde muchos nos encontramos en algún momento de la vida. No deseamos darnos por vencidos, pero no sabemos cómo avanzar. De niños, la gente nos decía: "¡Puedes convertirte en lo que desees!". Suena bien... hasta que crecemos. Luego descubrimos que muchos de nuestros sueños no son cumplidos. Eso sucede con los cristianos así como con los no creyentes. Le decimos a la gente que Jesús es la respuesta —y lo es—, pero aunque nosotros lo hayamos acogido, todavía podemos encontrarnos en un lugar desalentador similar.

Posiblemente ahí es donde usted está. ¿Esperaba una vida plena, pero en cambio todo lo que ve es un montón de "asientos vacíos"? ¿Sus sueños se están volviendo realidad o está convencido de que sus sueños solamente son apropiados para los niños y los engañados? ¿Hay esperanza, o cree que necesita conformarse con lo que tiene y aparentar que está satisfecho?

Muchos cristianos hacen exactamente eso. Pero no creo que ahí sea donde Dios desea que estemos. La vida sin alguna clase de sueño es una pérdida. Sin embargo, una vida con un sueño que nunca se puede alcanzar se siente como si viviera en un infierno. Nosotros no tenemos el poder de *hacer* que nuestros sueños se vuelvan realidad, entonces, ¿en dónde nos deja eso?

En tales circunstancias, algunas personas "prueban" a Dios un tiempo, pero renuncian si no obtienen felicidad instantánea. Otros prueban un segundo matrimonio, pero un segundo matrimonio normalmente es mucho más difícil·que el primero. Otras personas gastan dinero. O abusan de sustancias en su búsqueda por aliviar su desilusión y su dolor. Terminan endeudados o adictos. Otras personas hacen todo lo anterior.

Si usted es una persona de fe y se encuentra en un lugar donde sus sueños no han sido cumplidos, ¿qué significa eso? ¿Significa que el cristianismo simplemente *no funciona*? ¿Significa que debería *darse por vencido*? ¿Significa que simplemente necesita *esforzarse más*? Y si usted no es una persona de fe, ¿significa que depende de usted crear una vida de jonrón?

Las respuestas a esas preguntas, el resto de la historia en que Maxwell terminó siendo mi mentor, y el descubrimiento del diseño de Dios para una vida de jonrón, se encuentra en los capítulos siguientes. Lo que pareció imposible durante mucho tiempo se volvió esperanza. Lo que yo no sabía en ese momento era que Dios me estaba revelando cómo nos hace crecer para su visión más amplia. Lo que yo no supe sino hasta más tarde era que hay un patrón definible y específico que Dios utiliza para hacer que nuestra vida crezca, ayudarnos a alcanzar nuestros sueños y levantarnos como líderes. Para utilizar una metáfora de béisbol, así es como Dios nos faculta para tener una vida de jonrón.

Si nadie le ha mostrado el proceso que Dios utiliza para hacernos crecer y volvernos exitosos de acuerdo con sus valores, entonces le encantarán los siguientes dos capítulos. Cambiarán para siempre la manera en que ve y vive la vida. ¿No está seguro de creerlo? Bueno, si ha perdido la fe, entonces le presto un poco de la mía. ¡Dios de verdad tiene más para usted!

La guía de aplicación de John

Preguntas para discusión

1. Kevin mencionó en el capítulo que la vida de muchos cristianos parece no estar a la altura de sus expectativas y de lo que Dios desea para ellos. ¿Usted ha visto que eso sucede? De ser así, ¿por qué cree que sucedan tales cosas?

2. Dios le dio visiones a Kevin que guiaron la dirección de su vida. ¿Cuál es su reacción ante eso? ¿Puede relacionarse con ello? Explique. De no ser así, ¿cómo lo ha guiado Dios? ¿A qué ha recurrido para obtener dirección para su vida?

3. Cuando era niño, ¿qué soñaba que haría o en lo que se convertiría de adulto?

4. ¿Cuáles son sus sueños ahora?

5. ¿Alguna vez ha experimentado un momento de "asientos vacíos" en que un sueño parecía estar muerto o en agonía? ¿Cómo respondió?

6. ¿Cuál es su respuesta a las afirmaciones acerca de que hay más en nosotros y para nosotros en Dios? ¿Usted cree genuinamente que son verdad? ¿Qué creencias limitadoras posee usted ahora, y qué está dispuesto a hacer para superarlas?

Tarea

Planee apartar todo un día o medio día, o al menos un par de horas de su rutina normal para tener un tiempo de oración extendido con Dios. Establezca una fecha y hora en su calendario. Si no tiene un diario, cuaderno, una libreta Moleskine o un artículo similar para escribir sus oraciones y capturar sus observaciones, adquiera uno de antemano. Lleve el cuaderno, una pluma o lápiz, una Biblia y todo lo que pueda necesitar (tal como agua) a un lugar tranquilo que usted sabe que conducirá a tener una conversación con Dios. Mientras esté ahí, utilice su diario para escribir sus oraciones. Asegúrese de...

1. Reconocer ante Dios que Él es bueno y que usted no lo es.

2. Hablar con Dios acerca de las cosas que están actualmente en su mente.

3. Hablar con Dios acerca de sueños pasados, actuales y futuros.

4. Pedirle que le revele si usted está en el plan de Dios o en el suyo propio.

5. Pedirle que le revele su dirección para su vida y le revele su voluntad.

6. Pedirle que le revele el sueño que Él tiene para su vida.

Cuando lo haga, no espere recibir respuestas a todas sus preguntas. En nuestra experiencia, Dios normalmente revela su voluntad lentamente con el tiempo, a medida que damos pasos de obediencia a su llamado. Dependiendo de su historia, esto puede representar primeros pasos en la búsqueda de Dios, o meramente será la entrada a un nuevo capítulo. De cualquier forma, siga hasta el final.

3

El plan de juego de Dios para ganar en la vida

*D*ESESPERADO. ESA ES la palabra idónea para describir cómo me sentí durante el viaje de regreso a casa de Michigan a Atlanta, en 1991, luego de no lograr obtener de vuelta mi antiguo empleo en la Kentwood Community Church. Wayne me había animado a tener esperanza, pero no me dio un empleo. Nada parecía estar mejor que antes de visitarlo.

¿De verdad podría tomar prestada la fe de alguien más? La idea me intrigaba. De ser cierto, ¿cómo?

Luego de llegar a casa, reuní a mis quince líderes principales de la iglesia y les confesé que estaba listo para cerrar las puertas.

"No puedo continuar haciendo esto —expliqué—. Dios tiene que cambiar a la iglesia y hacerla crecer, ¡o tiene que cambiarme a mí!". Teníamos ochenta personas luego de cuatro años de trabajo. ¡Y yo pensaba que nuestro día de inauguración había sido un fracaso! "Evidentemente estoy fracasando por completo y no puedo ver lo que Dios está haciendo —les dije—. Por lo tanto, oremos durante los siguientes dos o tres meses. Si Dios no cambia algo o me cambia a mí, ¡cerraré la iglesia!".

Yo ya había estado buscando a Dios desesperadamente a través de ir a un centro de retiro todos los martes a las 6 a. m. para orar, anotar en mi diario y leer la Escritura. Mi mamá, siempre deseosa de ayudarme, pagó las cuotas, ¡y yo lo había estado haciendo durante *tres años!* Estaba esperando respuestas, pero Dios había permanecido callado. Ahora yo estaba invitando a otros a que oraran conmigo.

Durante uno de mis tiempos de oración, en 1991, estaba expresando mi frustración y me encontré diciendo: "¡Dios, me la debes! He pasado mi vida desde los nueve años siguiéndote. Dejé la seguridad de mi hogar para plantar una iglesia en Atlanta, y tú estás dejando que mi vida se hunda en el hoyo. ¡He rendido todo por ti! ¿Cómo puedes permitir que esto se convierta en mi vida? ¡Me la debes!".

"Kevin —sentí que Dios decía—, yo no te la debo. Tú *me perteneces*". Ese fue un momento sorprendente. Dios estaba volviendo a moldear mi perspectiva pacientemente. Sentí como si me estuvieran sacudiendo de una pesadilla para despertarme. Fue aleccionador y esclarecedor a la vez. Una inquietante consciencia se asentó en mi alma. Posiblemente había pasado mi vida diciendo: "Todo se trata de Dios", cuando lo que había estado viviendo en realidad decía: "Todo se trata de mí".

Lo que me vino a la mente en ese momento fue Hebreos 11, el capítulo que menciona a los gigantes de la fe. Ellos caían en dos grupos: los primeros eran mencionados por nombre. Pasaron por el mar Rojo en tierra seca, conquistaron reinos, cerraron la boca de leones, se volvieron poderosos en batalla y sus muertos fueron resucitados. El segundo grupo consistía en los fieles que no fueron nombrados. Ellos fueron torturados, azotados, encarcelados apedreados y partidos en dos. Muchos vagaron en desiertos y se escondieron en cuevas o vivieron en agujeros en el suelo.

Yo siempre he escuchado a los predicadores hablar acerca del primer grupo y había imaginado que yo sería nombrado entre ellos. Y por primera vez se me estaba ocurriendo: *¿Qué si yo estoy en el segundo grupo?* Ellos estuvieron igual de llenos de fe. Dios estaba igualmente agradado con ellos como con los que se nombran en Hebreos 11. Si *le pertenezco* a Dios, él puede colocarme en cualquiera de los dos grupos.

¿Ahora qué iba a hacer? ¿Serviría a Dios o esperaría que Dios me sirviera a mí? ¿Él me la debía o me poseía? Finalmente me quebranté. "De acuerdo, Dios —oré—, estoy dispuesto. ¡Haré lo que pidas, aunque eso signifique dirigir a ochenta y dos personas el resto de mi vida!". Y luego le dije a Dios algo que no compartí con nadie más, ni siquiera con mi esposa. "Desde los dieciséis años me así de ese sueño que tú me diste de alcanzar a miles. Pero renuncio. Ya no puedo creerlo más. Y lo estoy rindiendo. Ya no creeré que fue una visión de parte de ti, a menos que hagas algo tan radical como darme un mentor de liderazgo. Y me refiero a uno de verdad, alguien como John Maxwell. Y lo que es más, nunca se lo voy a pedir. Tú tendrás que pedírselo por mí a esta persona, y él tendrá que ofrecérmelo. De manera que el día en que John Maxwell diga: 'Oye, Kevin, creo que Dios me ha pedido que te guíe', ese día creeré y retomaré la visión".

Y eso fue todo. Nunca volví a hablar al respecto. Casi lo había olvidado hasta el momento del viaje en autobús. Me da curiosidad la manera en que Dios trabaja. Yo sigo un simple impulso de asistir a un congreso de liderazgo, John asiste a una sencilla cena, tenemos un simple momento de oración luego de la cena, y Dios hace algo sobrenatural. ¡Ese fue un momento de jonrón en la vida!

Ahora sabe por qué no pude recobrar la compostura emocional ni espiritual de camino a casa. Dios me había dado lo mayor que Él tenía para mí. Como en ningún otro momento de mi vida, descubrí la verdad de *nunca poner un punto donde Dios pone una coma*.

Es completamente posible que esté leyendo este libro en un momento en que haya colocado un punto en un sueño, pero Dios no lo ha hecho. Muchos de nosotros hemos experimentado la desilusión, la pérdida, el dolor, la ira, la culpabilidad y el quebranto de un negocio fracasado, la pérdida de un empleo, la infertilidad, un matrimonio fallido, una familia rota, amenazas de salud, hijos pródigos, dificultades financieras, fallas de carácter y sueños rotos. ¿Entonces qué está haciendo Dios cuando lo estamos siguiendo pero fracasando sin esperanza? ¿Se ha terminado el juego?

La perspectiva de John

Jeremías 29:11 dice: "Porque yo sé los pensamientos que tengo acerca de vosotros, dice Jehová, pensamientos de paz, y no de mal, para daros el fin que esperáis". Dios siempre es fiel, incluso cuando nosotros no lo somos. Si usted tiene a Dios, siempre hay esperanza.

Incluso la palabra *esperanza* debe ser un aliento para nosotros. La palabra hebrea *esperanza* viene de la raíz de *cuerda*. La imagen es la de una cuerda que se estira hacia el futuro. Mientras nos sostengamos de esa cuerda y seamos guiados por ella hacia el futuro que Dios tiene para nosotros, nuestra esperanza debe ser fuerte.

Posiblemente colocamos un punto en nuestros sueños o en el propósito de nuestra vida, cuando Dios no deseó que lo hiciéramos. ¿Qué si todo el tiempo Dios continuaba trabajando mientras las cosas no estaban marchando como esperábamos o como planeábamos? ¿Qué si Dios estaba utilizando las temporadas de *fracaso* para entrenarnos para hacer un jonrón? ¿Qué si Dios estaba utilizando la impotencia para hacernos crecer?

El poder de la impotencia

Como seres humanos, a nosotros no nos gusta la impotencia. Deseamos salirnos con la nuestra. Deseamos tener el control. Deseamos escoger el camino y el propósito, y luego cumplirlo. Pero nuestro deseo de controlar nuestro propio destino puede hacernos de alguna manera actuar como minidioses. ¿Y el problema? No somos Dios. Es frustrante intentar ser Dios sin el poder de Dios.

Eso no significa que no debamos hacer nada. Tenemos que tomar decisiones a medida que avanzamos por la vida, y estas tienen un impacto importante en nuestra vida. Pero el libre albedrío que se le dio a la humanidad no descarta la soberanía de Dios. De alguna manera, mientras ejercita su voluntad y nos permite tomar nuestras propias decisiones, Él conserva el poder de llevar a cabo su propósito. Yo no sé usted, pero ese concepto es demasiado grande para que mi cerebro lo comprenda. He conocido a personas y he leído libros que afirman que hemos descifrado a Dios por completo, pero yo no estoy convencido.

De lo que estoy seguro es que Dios solo desea lo mejor para nosotros. Y tal como un padre amoroso, Él está restaurándonos a su imagen. En el camino, Él nunca ha prometido decirnos todo lo que planea mientras está haciendo funcionar el universo. Ese es parte de nuestro problema, porque nosotros siempre deseamos saber. Si tenemos algún tipo de inclinación hacia el liderazgo, el deseo de saber es atractivo.

El deseo de comprender a Dios y sus obras es tan antiguo como la humanidad. Estuvo presente en el Huerto del Edén. Y es evidente en el libro de Job, uno de los escritos más antiguos de la Biblia. Job creía que estaba viviendo rectamente, no obstante sufrió una horrible calamidad: la muerte de sus hijos, la pérdida de sus posesiones y dolor y sufrimiento inconmensurables. Su esposa le dijo que maldijera a Dios y muriera. Sus amigos le aconsejaron que confesara su pecado escondido. Job veneraba a Dios, pero deseaba saber lo que Dios planeaba. Job sintió que no podía avanzar, sin embargo, no renunciaría a Dios. Solamente cuando Job reconoció su propia impotencia es que pudo aceptar su vida, y al final, Dios tenía nuevos sueños para Job. Y lo que llamaríamos una vida de jonrón.

¿Recuerda a David? Él tuvo una experiencia similar al reconocer su propia impotencia. Vio a los hombres malos que desestimaban a Dios al vivir en prosperidad. Mientras tanto, intentó seguir a Dios con todo su corazón, y a menudo sufrió. Eso no parecía estar bien, ¡en especial desde el punto de vista de alguien llamado y ungido por Dios para dirigir! Sin embargo, aprendió que el único poder que tenía era arrojarse a los pies de Dios y depender de Él.

Todos esos años, mientras yo estaba intentando construir la iglesia, Dios había estado esperando a que yo reconociera mi impotencia... me diera por vencido —que entregara mi plan por el suyo, que dejara de intentar *ser* alguien a través del éxito, que dejara de perseguir mi propia gloria, que rindiera mi obstinación para que pudiera hacer su voluntad. ¿Por qué? ¡Para que él pudiera edificarme! Darme por vencido fue el avance que Dios había estado esperando, y finalmente pudo ayudarme libremente a cambiar, a aprender y a crecer.

Yo no deseaba dirigir una iglesia pequeña, pero una iglesia pequeña no era insignificante para Dios. Cada persona de mi pequeña iglesia importaba para Él. Ellos son sus hijos. Dios no retiene su amor de ninguna persona, por el lugar donde estén o por lo que puedan o no puedan hacer. Él ama a la gente así como yo amo a mis propios hijos, porque son míos y me complazco en ellos. Dios siente lo mismo por ellos, y por usted, y por mí.

Mi quebranto finalmente me había llevado a un avance. Por primera vez en mucho tiempo me acordé del carácter de Dios. Dios es…

Demasiado misterioso para definirlo,
demasiado obvio para negarlo,
demasiado grande para poder manejarlo,
demasiado amoroso para desconfiar de Él,
demasiado fuerte para descartarlo,
demasiado poderoso para batallar en su contra,
demasiado paternal para que me olvide,
demasiado bondadoso para ignorarlo y
demasiado correcto para equivocarme.

Lo único que pude hacer fue confiar en Él y aprender a depender de Él. *Finalmente* estaba colocándome en un lugar donde Dios podía hacerme crecer.

La mayoría de los asensos que intentamos hacer en la vida —la fe, el matrimonio, la paternidad, la carrera, el liderazgo— finalmente nos llevan a nuestro límite, donde terminamos dándonos cuenta de nuestra impotencia. Cuando alcanzamos ese punto de agotamiento (y a algunas personas eso les toma *mucho* tiempo), estamos listos para que Dios haga algo en nuestra vida. Finalmente admitimos que no tenemos paz en nuestra alma y que tenemos que dejar que Dios dirija. Solamente podemos cambiar, hacer crecer y tener la vida abundante si estamos dispuestos a depender de Dios y acudir a Él. Esto sucede con cada seguidor de Cristo y con cada líder espiritualmente maduro. Es la *única* manera en que podemos cumplir nuestro llamado y nuestro propósito.

Una vez que dejé de perseguir mi propia gloria, algo se me esclareció: Dios no estaba matando el sueño en mí; ¡Él estaba matando mi ego! Él no me estaba sacando del juego; Él me estaba capacitando *para* el juego. Él no estaba talando el árbol de mi vida y mi carrera; Él estaba cultivando mis raíces. Me di cuenta de que tal vez —tal vez— Dios está más interesado en cuán profundas son nuestras raíces que en cómo hacemos crecer nuestras ramas. Después de todo, la calidad del fruto de un árbol depende más de la salud de sus raíces que del peso de sus extremidades. Dios me estaba formando en una persona que Él pudiera usar.

Cómo es que Dios nos cultiva

Finalmente estaba abierto a lo que Dios tuviera para mí, pero entonces la pregunta que me estaba haciendo era: *¿Ahora qué? ¿A dónde me está dirigiendo Dios y cómo avanzo?* Me sentía como alguien que estuviera intentando armar un rompecabezas sin la imagen. Si alguna vez ha intentado armar un rompecabezas, usted conoce la importancia de la imagen en la tapa de la caja. Tener doscientas piezas de un rompecabezas e intentar armarlas sin conocer la imagen general parece casi imposible. Mi vida y la búsqueda de Dios se habían convertido en una colección de piezas de rompecabezas que yo no podía armar. Posiblemente usted también se ha sentido así.

Dos cosas me ayudaron durante ese tiempo. La primera fue el tiempo de enseñanza que tuve con John Maxwell. Él me daría unas cuantas reuniones al año para hacerle preguntas de liderazgo. No había restricciones y ninguna pregunta estaba fuera de límite, simplemente era una conversación abierta. Fue —y continúa siendo— una experiencia asombrosa.

La segunda fue posiblemente lo más bondadoso que Dios el Padre hizo por mí en esta temporada. Me dio la perspectiva general de cómo Él mismo crece en su pueblo y en sus líderes. Descubrí que de hecho había un patrón conocible, específico y consistente que yo podía seguir para rehacerme a la imagen de Dios. La semilla de esto se encuentra en Romanos 12:1-2. El pasaje dice: "Así que, hermanos, os ruego por las misericordias de Dios, que presentéis vuestros cuerpos en sacrificio vivo, santo, agradable a Dios, que es vuestro culto racional. No os conforméis a este siglo, sino transformaos por medio de la renovación de vuestro entendimiento, para que comprobéis cuál sea la buena voluntad de Dios, agradable y perfecta".

Entonces, ¿cuál es el patrón de Dios? Lo encontré en la historia de José. Si usted ha leído el libro de Génesis, entonces sin duda recuerda lo que sucedió en la vida de José. Él era uno de doce hermanos que crecieron en una familia que temía a Dios, el bisnieto de Abraham, con quien Dios había hecho su pacto. José creció escuchando las historias de la interacción de Dios con Abraham, Isaac y Jacob, su padre. Si tuviéramos que esbozar un paralelo entre la historia de José y la cultura actual, podríamos decir que José fue un chico que creció en la iglesia.

José tuvo el favor de Dios. Él también era el favorito de su papá. Eso no les gustó a sus hermanos. De hecho, con el tiempo, ellos comenzaron a odiarlo. Y José empeoró las cosas cuando a los diecisiete años, les compartió el sueño de Dios para su vida. Génesis dice:

> Y soñó José un sueño, y lo contó a sus hermanos; y ellos llegaron a aborrecerle más todavía. Y él les dijo: Oíd ahora este sueño que he soñado: He aquí que atábamos manojos en medio del campo, y he

aquí que mi manojo se levantaba y estaba derecho, y que vuestros manojos estaban alrededor y se inclinaban al mío.

Le respondieron sus hermanos: ¿Reinarás tú sobre nosotros, o señorearás sobre nosotros? Y le aborrecieron aun más a causa de sus sueños y sus palabras.

Soñó aun otro sueño, y lo contó a sus hermanos, diciendo: He aquí que he soñado otro sueño, y he aquí que el sol y la luna y once estrellas se inclinaban a mí.[1]

A José le parecía claro que haría cosas grandes. Él sería importante. Y tenía toda razón para creer que Dios traería sus sueños a cumplimiento.

Nosotros esperaríamos que José inmediatamente se volviera líder de su familia y que los gobernara con sabiduría y gracia. Pero Dios a menudo lleva a su pueblo en una dirección distinta de lo que esperamos. Dios es fiel a sus promesas, pero no a nuestro itinerario o plan. Él desea que soñemos —que soñemos en grande—, pero no desea que le arrebatemos el control del desarrollo del sueño. En el caso de José, en lugar de gobernar a sus hermanos, ellos lo arrojaron a un hoyo y lo vendieron a la esclavitud. ¡Hablando de cosas que no resultan como lo esperábamos!

Cuando José se vio derecho y a los demás inclinándose, probablemente pensó: *Esto es lógico. Soy el bisnieto del gran Abraham, a quien Dios le prometió que lo haría una grande nación. Mi padre es rico. Y de todos sus hijos, yo soy el favorito, ya que me dio un manto especial para apartarme. Es probable que yo sea un gran hombre.* José pensó que sería gobernante, y que Dios simplemente haría que sucediera. El problema era que José pensó que todo se trataba de él (¡debo admitir que yo también lo pensé!, ¿y usted?). En cambio, José se volvió esclavo, una propiedad —en Egipto y en todos lados—. Él estaba en un ambiente desconocido, lejos de casa, teniendo que aprender un nuevo idioma y adaptarse a una nueva cultura.

Me pregunto cuánto tiempo le tomó darse cuenta de que nadie iría a buscarlo; ni su padre, a quienes sus hermanos convencieron de que José estaba muerto. Ni sus hermanos, quienes lo detestaban tanto como para matarlo. ¡Nadie! La pregunta era: ¿Qué haría él? No podía regresar, no podía avanzar y no podía darse por vencido. José estaba en un lugar con el que posiblemente todos podemos relacionarnos.

Las cuatro puertas del crecimiento

Cuando la historia de alguien termina en lo que equivale a un jonrón con las bases llenas, usted puede sentirse tentado a pasar por alto todas las veces que poncharon a esa persona. En el béisbol, Babe Ruth fue conocido como el rey del jonrón, con 714 en su carrera. Relativamente pocas personas supieron que cuando se retiró, también fue el rey de los *strikes* —con 1330 *strikes*—el récord en 1935.

Cuando José fue vendido como esclavo, estaba comenzando a sentir lo que era ser ponchado, no obstante Dios no lo abandonó. Todo le parecía equivocado a José, pero todo estaba bien con Dios. José había comenzado a ir por un viaje que ni él ni nadie más en el mundo sospecharía que estaba siendo dirigido por la mano de Dios. Su redención, su aprendizaje y su éxito final llegaron porque pasó por las cuatro puertas del crecimiento para demostrar cómo Dios desea que vivamos. Yo creo que ese es el patrón de Dios para la vida—su plan de juego, por así decirlo—, contrario al patrón de este mundo.

Obtener dependencia

La primera puerta de crecimiento por la que la gente debe pasar para seguir el patrón de Dios es la dependencia de Dios (esta es también la última puerta de crecimiento, pero me estoy adelantando, lo discutiremos en el capítulo 9). José comenzó a aprender dependencia en el momento en que fue arrojado a la cisterna, y las lecciones continuaron para él como un esclavo comprado en la casa de Potifar.

Cuando José cayó en la cisterna, apuesto a que oró. ¿Usted no lo haría? ¿Nunca ha orado desde la cisterna? ¿No le ha rogado a Dios que lo rescate de una cisterna en la vida? Él solamente tenía diecisiete años. Ah, ¡cuánto debió haber llorado! Cuánto debió haberles rogado a sus hermanos. Cómo debió haber experimentado la conmoción, la incredulidad, la confusión, la ira, el dolor y la vergüenza sobre vergüenza en completa desesperación. Las últimas palabras de sus hermanos seguramente se repetían en su cabeza: "¡Y a ver en qué terminan sus sueños!".

Dios no rescató a José inmediatamente. En cambio, dejó que José perdiera una temporada. José fue arrebatado de todo aquello de lo que pudo haber dependido para cumplir su sueño.

Le quitaron su túnica, lo cual lo hacía verse y sentirse importante. Le arrebataron su nombre y la seguridad de los recursos y la herencia de su padre. Le quitaron todo lo que le era familiar; desde la familia y los amigos, al idioma y la adoración a Dios, todo lo que le proporcionaba comunidad y estabilidad. Le arrebataron su libertad, su dignidad humana, sus opciones y le quitaron su influencia y su riqueza en unos cuantos minutos.

Cuando caemos en una de las cisternas de la vida y Dios no nos rescata de la manera en que esperamos, nos preguntamos qué está haciendo Dios. Pensamos que nos ha dejado. Pero Dios estaba con José. ¿Qué si Dios simplemente le estaba enseñando a José cómo depender de Él? Ahora necesitaba aprender a depender de Dios para que se cumpliera su sueño. Esta es la primera y más importante puerta de crecimiento para una vida abundante, una vida llena de jonrones. Es igualmente la más difícil. ¿Por qué? Porque lo sobrenatural es justo lo contrario de lo natural.

Permítame ilustrarlo. En el mundo natural, crecer significa volverse más independiente. Nacemos siendo completamente dependientes de nuestros padres. No podemos alimentarnos ni vestirnos solos, consolarnos ni proveernos. Luego de un tiempo comenzamos a aprender a poner comida en nuestra boca, a hablar, a vestirnos y a tomar pequeñas decisiones. Nuestros padres continúan proveyéndonos, pero con el tiempo se espera que nos hagamos cada vez más independientes. Finalmente, debemos volvernos independientes, autosuficientes y libres de nuestros padres.

Yo tiendo a coincidir con quienes dicen que Dios hace a nuestros hijos jóvenes y lindos para que deseemos proveerles y no podamos imaginar que se marchen. Entonces Dios los hace adolescentes para que deseemos que ellos se provean a sí mismos, y no podamos imaginar que se queden. Yo le digo a mi hijo de nueve años, Jadon, que se quede en los nueve y viva conmigo para siempre. Pero solía decírselo a Jake, quien ahora tiene dieciocho. No deseo que mi hijo de dieciocho años se quede para siempre. Deseo que se vuelva como su hermano mayor, Josh, quien tiene veinticuatro, es un graduado universitario, está casado y es independiente.

En el mundo espiritual, crecer significa hacer lo contrario: necesitamos aprender a ser más *dependientes*. Nacemos en pecado y poseemos un espíritu de independencia de Dios. Tendemos a ignorarlo como el Creador (como si viniéramos de la nada), establecemos nuestros propios estándares morales y tomamos decisiones con nuestra propia sabiduría. Comenzamos lejos de Dios, pero si renacemos espiritualmente, nos volvemos más dependientes de Dios, nuestro Padre en el cielo.[2]

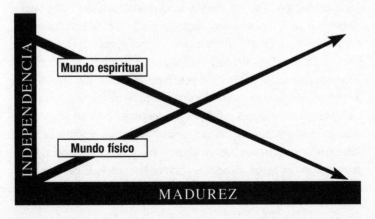

El crecimiento espiritual es el proceso de pasar de la independencia a la dependencia. Eso es lo que Jesús estaba enseñando cuando dijo: "Yo soy la vid y ustedes son las ramas. El que permanece en mí, como yo en él, dará mucho fruto; separados de mí no pueden ustedes hacer nada".[3] Esta es una profunda verdad hacia la que a mucha gente le toma toda una vida madurar. Si usted no comprende que así es como se crece espiritualmente, entonces continuará pensando que Dios existe para ayudarlo con sus planes. Pero Dios no se une *a nosotros* para ayudarnos con nuestros propios planes; nosotros nos unimos *a Él*. Él es la fuente de la vida abundante. Él puede sacar un par de triunfos con nuestro talento, pero no existe una verdadera paz para el alma ni una ganancia en la vida ni en adelante sin el autor de la vida. Crecer espiritualmente significa ser cada vez más dependiente de Dios.

El rey David del antiguo Israel lo comprendió. Él escribió en Salmos 20: "Éstos confían en sus carros de guerra, aquéllos confían en sus corceles, pero nosotros confiamos en el nombre del Señor nuestro Dios". Él estaba declarando su dependencia de Dios, porque sabía que el mundo espiritual tiene más peso que el mundo material y solamente Dios pude mover las piezas del ajedrez de la vida según su voluntad. Solamente Dios da triunfos, incluso en las batallas de la vida.

Posiblemente usted haya sido desconcertado por esta puerta del crecimiento. Tal vez, como la mayoría, cuando están sucediendo cosas buenas, usted diga: "Dios me está bendiciendo". Pero cuando enfrenta dificultades, se pregunta: "¿Dónde está Dios?". La parábola del sembrador en los Evangelios describe a personas que se alejan por las pruebas, y a otras que se distraen por las preocupaciones. Ambos tipos de personas no logran crecer para volverse creyentes y líderes productivos. Pero Santiago dijo que las pruebas nos ayudarían a ser "perfectos e íntegros".[4] Si debemos convertirnos en creyentes íntegros, seguidores íntegros, líderes íntegros, debemos abrazar las pruebas, porque Dios las usa para enseñarnos cómo depender de Él. Cuando llegan los problemas, necesitamos aprender a apoyarnos en ellos, no a evitarlos, porque al apoyarnos comenzamos a depender de Dios. Cuando lo hacemos, Dios se lleva el crédito.

Estoy convencido de que al principio, aunque yo tenía la inclinación de obtener resultados tangibles, Dios tenía la inclinación de enseñarme a depender de Él. Luego de orar durante un par de meses en 1991 con los quince líderes principales, Dios me pidió dos cosas: En primer lugar, Él deseaba que cambiara mi manera de pensar. Me pidió que dejara de medirme por el tamaño de la iglesia. En segundo lugar, él deseaba que cambiara mi manera de orar. Dios dijo: "Ora cada sábado en la noche con una dependencia renovada, y yo me manifestaré el domingo".

Esas fueron las únicas dos cosas que hice de manera diferente. Y 12Stone se duplicó en los dos años siguientes. Posiblemente no parecía demasiado, pero cuando toma más de cuatro años alcanzar a ochenta y dos personas, y luego dos años para alcanzar a 160, cada fin de semana se sentía como esperanza. Aprender a depender de Dios redefinirá su vida y su liderazgo.

Ganar en el interior

El viaje de José revela la siguiente puerta del crecimiento. Quienes siguen el plan de juego de Dios, también ganan en el interior. Seamos francos: la calidad de nuestras relaciones y de la vida que tenemos nunca irá consistentemente por encima de la calidad de nuestro carácter interior. Debemos ganar batallas de carácter si esperamos ganar en la vida, ver nuestros sueños cumplidos y tener una paz profunda en nuestra alma.

El sueño que Dios tenía para José implicaba más que el éxito terrenal de gobernar a otros. Lo que Dios deseaba era transformar a José para que fuera una persona que se gobernara a sí mismo. Las mayores batallas que enfrentamos no están a nuestro alrededor, sino en nuestro interior. Y Dios amaba tan profundamente a José que lo estaba formando de adentro hacia fuera.

Al recordar los detalles de la historia de José recordamos

que él terminó en la casa de Potifar, un líder militar. Potifar era un hombre de gran poder e influencia. A pesar de ser un mero esclavo, José logró progresar en este nuevo ambiente. La Escritura dice: "Ahora bien, el Señor estaba con José y las cosas le salían muy bien. Mientras José vivía en la casa de su patrón egipcio, éste se dio cuenta de que el Señor estaba con José y lo hacía prosperar en todo. José se ganó la confianza de Potifar, y éste lo nombró mayordomo de toda su casa y le confió la administración de todos sus bienes".[5]

A pesar de las circunstancias, las cosas lucían mejor para José. Pero luego enfrentó una nueva prueba: la esposa del jefe se le insinuó. En ese tiempo, José era un joven en los últimos años de adolescencia o principios de la adultez, lo cual por definición significa que tenía las hormonas embravecidas. Además estaba lejos de casa sin a quien rendirle cuentas. ¡No nos engañemos acerca de cuán fuerte debió haberle sido esta tentación! Podemos imaginar a José pensando: *Bueno, ¿por qué no? Mis hermanos me traicionaron. Mi padre asume que estoy muerto. Estoy solo. Nadie me conoce de verdad. No tengo oportunidad de casarme, y mis sueños están muertos. Bien podría autosatisfacerme. Después de todo, tengo deseos naturales dados por Dios, ¿por qué no? Dios desea que yo sea feliz.*

José tenía una decisión que tomar. ¿Dependería de Dios y honraría sus valores, o aprovecharía el momento para satisfacer sus deseos? No se equivoque: José debió haber enfrentado una increíble batalla interna. Esta era la primera prueba real de autoconfianza y de autoliderazgo. Y es importante reconocer que el autoliderazgo siempre precede al liderazgo efectivo sobre los demás. La guerra que todos tenemos que ganar en repetidas ocasiones es la interna.

José huyó de la esposa de Potifar, dejando detrás su túnica. En ese momento de tentación, demostró que la fe de sus antepasados y de su padre, Jacob, se habían vuelto su propia fe personal. En la fragua de la dependencia, Dios había comenzado a martillar el carácter de José. Y cuando llegó la presión, logró resistir y pasar la prueba. Reconoció en ese momento que dormir con la esposa de Potifar representaría más que una traición a su jefe, más que una mera falta de criterio, sería un pecado contra el Dios en quien había llegado a confiar. José ya no estaba persiguiendo sus sueños. Estaba persiguiendo al Dios de sus sueños, y dependiendo de Él.

En los primeros años de 12Stone, yo no estaba consciente de que Dios estaba más preocupado de quien yo era, que de lo que hacía. En esos años estuve tratando de impresionar a los demás y a Dios, mientras Dios estaba intentando imprimir su imagen en mí. El deseo de Dios era rehacer lo que se había distorsionado por el pecado, para que yo pudiera tener una vida abundante, una vida de jonrón. Él no estaba derribando el sueño que me había dado; estaba haciendo crecer al líder.

Eso es a menudo lo que Dios está haciendo cuando parece que su carrera está naufragando, que su matrimonio está terminando y que su futuro no tiene esperanza. Dios le está ofreciendo una oportunidad de crecer. Yo llegué a darme cuenta de que Dios me estaba haciendo crecer a través de la pureza, la oscuridad y la inseguridad. Tuve que asirme de la pureza de mi corazón. Tuve que aprender las lecciones de la oscuridad que mataron mi orgullo. Y Dios tuvo que ayudarme a abordar mis problemas de inseguridad.

José hizo lo correcto, no obstante fue castigado por ello. Cuando la esposa de Potifar mintió, acusándolo de hacer lo mismo que ella había sugerido y a lo que él se había negado, José pasó de ser esclavo en la casa de un hombre rico y poderoso a ser un prisionero. José definitivamente no deseaba hacer ese viaje. Nadie querría. Pero Dios estaba haciendo algo en José que no podía desarrollarse de otra manera.

Y esto también puede sucedernos a nosotros. Hay cosas que Dios desea ver que sucedan en nosotros que solamente pueden desarrollarse a través de las pruebas y las luchas. Eso no se debe a que Dios no nos ame. Se debe a que Dios nos ama. Tal como escribió Salomón, el más sabio de los líderes:

Hijo mío, no desprecies la disciplina del Señor,
ni te ofendas por sus represiones.
Porque el Señor disciplina a los que ama,
como corrige un padre a su hijo querido.[6]

Aunque no siempre comprendamos lo que nos está sucediendo, podemos estar confiados en que Dios se está formando a sí mismo en nosotros. Aunque podamos estar orando por éxito material, Dios desea empujarnos hacia la esencia espiritual. ¿Está usted dispuesto a acoger este proceso? Espero que sí, porque debemos ganar por dentro antes de que procedamos a la siguiente puerta del crecimiento.

Ganar con los demás

Aquellos que ganan en la vida de acuerdo con el plan de juego de Dios ganan con los demás. Ellos aprenden cómo desarrollar relaciones positivas con la gente. José no tuvo un muy buen historial en este aspecto de joven. Él definitivamente no trataba bien a sus hermanos. ¿Qué tan mal debió haberlos tratado José para que ellos desearan matarlo o decirle a su padre que estaba muerto? Si él trató mal a su familia, solamente me puedo imaginar cómo trataba a los sirvientes y a los de afuera de su hogar.

Todo eso cambió cuando Dios le permitió a José que pasara de ser un hijo favorecido a un esclavo caído. Donde alguna vez tuvo sirvientes que lo atendían, se convirtió un siervo que atendía a los demás, primero en la casa de un hombre rico, y luego en una prisión. Posiblemente hubo un momento en que José estuvo agachado de rodillas limpiando los suelos con sus manos, mientras pasaba gente importante y no lo notaron. ¡Eso tuvo que haber transformado su manera de pensar!

Posiblemente pensó: *Dios, ¿cómo puedes dejar que esté en esta posición? ¡Alguna vez fui importante! Una vez fui la persona que acaba de pasar por aquí. ¿Cómo puedes abandonar mi vida en la ignominia?*

Posiblemente Dios el Padre respondió algo como esto: "José, llegaste a pensar que eras importante; caminaste junto a otras personas como si no importaran. Consideraste mi favor sobre tu vida como un permiso para menospreciar a los demás. Te valoraste a ti mismo por sobre los otros. Pero yo nunca menosprecié a los siervos de tu casa. Yo no amo a tus hermanos menos que a ti. Todos tienen un propósito. José, necesitas aprender el valor de cada persona, sea amo o siervo, hebreo o egipcio, prisionero o el Faraón. Transforma la manera en que valoras a la gente".

Debo confesar haber cometido el error de José en cuanto a la manera de valorar a la gente. Antes de plantar 12Stone serví como parte del personal de la Kentwood Community Church. En ese tiempo era una joven iglesia que se reunía en una escuela. En cinco años, la iglesia creció de atender a 125 personas en un fin de semana a más de mil. Pasamos por un importante proyecto de reubicación y construimos nuevas instalaciones sobre cincuenta acres (20 hectáreas).

Esa era la buena noticia. ¿La mala noticia? Pensé que yo tenía algo que ver con ese éxito. Pensé que Dios me había apartado para ser alguien, y el tamaño de nuestra iglesia significaba que Dios me valoraba más. Como resultado, a los veintitantos años estaba menospreciando a los pastores con pequeñas iglesias de cincuenta a cien personas, y subestimándolos. Luego planté 12Stone, ¡e incluso luego de cinco años, yo era pastor de una iglesia pequeña! En su paciencia, Dios me enseñó que su favor no era un permiso para menospreciar a los demás. Y Él no me valoraba menos que ahora cuando dirigía una pequeña iglesia.

Esto es lo que puedo decirle: no hay nada más esclarecedor que estar en el lugar de la persona que usted alguna vez ignoró. Posiblemente sea por ello que Moisés cambiara tanto luego de cuarenta años en el desierto. D. L. Moody dijo una vez: "Moisés pasó sus primeros cuarenta años pensando que era alguien. Pasó sus segundos cuarenta años aprendiendo que no era nadie. Y pasó sus terceros cuarenta años descubriendo lo que Dios puede hacer con un don nadie".

Debido a que Dios le permitió a José estar en una posición óptima para descubrir la tristeza, las batallas, los huecos y las prisiones de otras personas, José desarrolló compasión y paciencia. Estar al mismo nivel que todos le ayudó a saber cómo tratar con dignidad a la gente, cómo convertirse en siervo, cómo preocuparse por los demás y cómo liberarse de la autoabsorción. Esas son cualidades necesarias de un líder a quien Dios desea usar.

A José le tomó veintidós años volver al principio y enfrentar de nuevo a sus hermanos. Esa interacción muestra cuánto había crecido. Para cuando sus hermanos acudieron a él durante la hambruna, José era el segundo hombre más poderoso de la nación. Solamente el Faraón era más poderoso que José. ¿Y qué sucedió? Sus hermanos —quienes intentaron matarlo, quienes lo vendieron como esclavo, quienes lo apartaron de su amoroso padre y de todo lo que él conocía— aparecieron porque tenían hambre, y ellos se inclinaron ante él. En ese momento, el recuerdo de su sueño debió haberle regresado rápidamente.

¿Qué les habría hecho usted en ese momento? Todo lo que él tenía que hacer era dar la orden y sus siervos habrían asesinado a sus hermanos. O los habrían hecho esclavos. En cambio, José los valoró. Él hizo aquello que Dios el Padre habría hecho. Los perdonó, liberándolos de las consecuencias de sus acciones. Al seguir a Dios todos esos años y depender verdaderamente de Él, José se había vuelto más como Dios: clemente, bondadoso, amoroso y generoso. José definió su perspectiva luego de la muerte de Jacob, cuando sus hermanos acudieron a él con temor de venganza: "—No tengan miedo —les contestó José—. ¿Puedo acaso tomar el lugar de Dios? Es verdad que ustedes pensaron hacerme mal, pero Dios transformó ese mal en bien para lograr lo que hoy estamos viendo: salvar la vida de mucha gente. Así que, ¡no tengan miedo! Yo cuidaré de ustedes y de sus hijos. Y así, con el corazón en la mano, José los reconfortó".[7]

Así es como Dios desea que tratemos a los demás, y sin embargo ese es uno de nuestros más grandes desafíos: amar a la gente. No fue una lección nimia para José, y no es una lección insignificante para la mayoría de nosotros. Podemos intentar abrirnos paso por nosotros mismos, pero si así es como intentamos hacerlo, estamos destinados a fracasar. Solamente dependiendo de Dios y desarrollando un carácter santo tenemos el poder para amar a los demás hacia una vida abundante.

Obtener resultados

José aprendió a depender de Dios, desarrolló un carácter santo e incrementó su amor por la gente en una forma que honró a Dios. Pero todavía no estaba listo. Para estar completo en la manera que Dios tiene de hacer las cosas para que la vida sea abundante, todavía hay una cuarta y final puerta: obtener resultados. Quienes siguen el plan de juego de Dios obtienen resultados. Para cumplir su propósito, José tuvo que poder hacer algo de valor realmente. Él tuvo que hacer el trabajo para el cual Dios lo había creado. Vemos que eso entró en juego una y otra vez en la vida de José.

La Escritura dice: "El Señor estaba con José", y: "y lo hacía prosperar en todo", cuando estaba en la casa de Potifar.[8] Y otra vez, cuando estaba en prisión dice: "El Señor estaba con José y hacía prosperar todo lo que él hacía".[9] El favor de Dios estaba con José y él fue altamente competente. ¡Si usted tiene que ser un esclavo, bien podría ser el mejor!

José no era competente cuando tenía diecisiete. Le tomó tiempo obtener habilidad y eficacia. Dios puso a José en lugares donde podía aprender, crecer y desarrollarse. Él aprendió el idioma y las costumbres de Egipto en la casa de Potifar. Luego aprendió a administrar la casa y a dirigir a otros siervos. Aprendió a hacer funcionar la prisión para el capitán de la guardia. Su creciente competitividad lo hizo avanzar en la casa de Potifar, en la prisión y con el copero y el panadero. El mundo notó a José porque los resultados importan, y José era bueno.

Tomó trece años preparar a José para el trabajo que finalmente haría el cumplimiento de la visión. José no estaba solamente pasando el tiempo. Estaba involucrado en la preparación. Solo después de esta capacitación fue que José obtuvo su oportunidad, la oportunidad de interpretar un sueño que ninguno de los adivinos de Egipto pudo descifrar. Para entonces, José comprendía que solamente con la ayuda de Dios él podía llevar a cabo algo de valor. Había hecho todo el viaje espiritual: obtuvo dependencia, ganó en el interior, ganó con los demás y obtuvo resultados. Al prepararse para la inminente hambruna durante los años de abundancia, José salvó a Egipto y a la nación de Israel.

A menudo me preguntan: "¿Qué habría hecho diferente en los primeros años de 12Stone para escapar de las largas, lentas y dolorosas etapas de crecimiento?". Después de todo, nos llevó hasta nuestro séptimo año pasar la barrera de las doscientas personas en un fin de semana (y observe que 80% de todas las iglesias que se plantan desaparecen para el quinto año). ¿Entonces qué haría diferente? ¡Nada! Tal como José, yo creo que Dios tuvo que hacerme pasar por las cuatro puertas para que me convirtiera en quien Él deseaba que yo fuera. Yo no habría podido ver este patrón ni aprender estas lecciones sin el quebranto de esos años. Finalmente he aprendido a no inclinarme a *hacer* más cuando el enfoque de Dios está en que *sea* más. Fue una difícil lección pero valió la pena aprenderla. Creo que también valdrá la pena para usted.

El patrón de Dios se repite

Cuando se me esclareció el patrón de la vida de José, me pregunté: *¿Esto es único en José o es el patrón de Dios para todos nosotros?* Si fue el plan de Dios, se encontraría a lo largo de la Escritura. De manera que comencé a examinar la vida de las personas de la Biblia que "crecieron" en su fe y sirvieron como líderes efectivos. Observé la vida de David, y ahí estaba:

Obtener dependencia: David se volvió famoso en su tierra

cuando dependió de Dios para pelear con Goliat, pero su dependencia de Dios fue un patrón aprendido en su vida. Cuando el rey Saúl cuestionó si David podría enfrentar al gigante, David respondió: "El Señor, que me libró de las garras del león y del oso, también me librará del poder de ese filisteo".[10]

Ganar en el interior: La dependencia que David tenía de Dios formó su carácter y lo hizo un hombre conforme al corazón de Dios. Incluso después de que Samuel ungiera a David para ser el siguiente rey de Israel, David mostró paciencia, disciplina y respeto, a medida que esperaba en Dios para que lo elevara al trono. Dos veces David pudo haber eliminado a Saúl, y dos veces lo perdonó. Y aunque es verdad que más tarde David resbaló y pecó contra Dios y los demás, él siempre regresó a Dios y se colocó bajo la misericordia de Dios.

Ganar con la gente: la capacidad que David tenía de ganar con la gente era clara. Multitudes lo aclamaban. Él se ganó el corazón de Jonatán, el hijo de Saúl, aunque el heredero del rey tendría que haberlo visto como un rival. Se ganó a sus poderosos hombres y a un pequeño ejército de seguidores. Y se ganó la lealtad de la gente al hacer de su práctica compartir el botín luego de una batalla (1 Samuel 30).

Obtener resultados: finalmente, todas esas cosas colocaron a David en un lugar donde pudo obtener resultados. Creció como guerrero, dominando la espada y el arco. Se convirtió en un gran líder y conquistador. Unió a las doce tribus de Israel y trajo paz a la tierra. Se convirtió en un gran rey poderoso.

Busqué otros personajes bíblicos, y encontré que cada líder efectivo seguía el mismo patrón:

Daniel...

Dependencia: oraba a Dios tres veces al día en Babilonia.

Carácter: decidió seguir a Dios en lugar de seguir el edicto del rey de adorarlo.

Relaciones: se ganó el respeto de sus camaradas, del rey y de la corte.

Resultados: Nabucodonosor lo hizo gobernador de la provincia de Babilonia.

Pedro...

Dependencia: luego de vacilar entre *lo puedo hacer todo* y *no puedo hacer nada,* Pedro finalmente aprendió a confiar en el Espíritu Santo luego del Pentecostés.

Carácter: predicó el evangelio aunque lo amenazaran de muerte, y finalmente fue martirizado por su fe.

Relaciones: obtuvo respeto y se convirtió en el líder de la iglesia de Jerusalén.

Resultados: predicó y miles creyeron; dirigió una revolución espiritual que finalmente puso de cabeza al Imperio Romano.

Pablo...

Dependencia: después de su experiencia en el camino a Damasco, se apoyó en Cristo día a día aunque fue apedreado, naufragó, fue azotado, perseguido y finalmente ejecutado.

Carácter: aprendió a tener contentamiento en todas las situaciones.

Relaciones: aunque no fue de los doce originales, se convirtió en el seguidor de Cristo más respetado y el misionero más grande del mundo.

Resultados: plantó iglesias en todo el mundo conocido y escribió obras teológicas definitivas sobre las que se construye la fe cristiana.

Cada líder que examiné en la Escritura que cumplió su potencial, vivió de acuerdo con este patrón. Comencé a creer que sobre esto escribía Pablo en Romanos 12, cuando habló acerca de seguir el patrón de Dios en lugar del patrón del mundo.

La perspectiva de John

Yo he visto este mismo patrón en la vida de líderes devotos. Y también lo he experimentado en mi vida...

Dependencia: cuando todavía estaba en la universidad comencé a aprender cómo depender realmente de Dios. Cada día en el almuerzo caminaba hacia un lugar detrás del viejo edificio y pasaba una hora con Dios. Yo estaba emocionado de estarme dirigiendo hacia el ministerio, pero comprendía que sin Dios, lo único que podría hacer en mi vida sería de madera, hojarasca y paja, cosas que se quemarían en el fin del mundo, no cosas dignas de Dios.

Carácter: cuando estaba en mi segunda iglesia, Dios lidió con mi carácter. En ese tiempo, algunas mujeres de mi iglesia me habían pedido que visitara a su hermano en el hospital. Durante una semana pasé a su habitación, y charlábamos acerca de los Rojos de Cincinnati o de algún tema sin importancia. Entonces un día, cuando todavía me encontraba en el hospital, llamé a casa y Margaret me dijo que acababa de enterarse de que el hombre había muerto. Yo me impacté, porque lo había visto tan solo una hora antes. Y me di cuenta de que nunca compartí mi fe con él. Durante meses fui redargüido, mientras Dios lidiaba con mi carácter. Llegué al punto en que tomé una decisión: compartir mi fe sería una prioridad vitalicia, y cuando Dios me instara a ser su testigo, yo lo haría.

Relaciones: siempre he sido una persona sociable. Siempre he hecho las cosas relacionalmente. Una de las mayores lecciones de relaciones que tuve que aprender fue con Margaret. Al principio de nuestro matrimonio me propuse ganar cada discusión. Pero me di cuenta de que la lastimaba cada vez que lo hacía. Tuve que aprender a colocarla a ella por encima de ganar.

Resultados: cuando comencé mi carrera como pastor, mi meta vitalicia era dirigir una iglesia de quinientas personas. Yo ya lo había logrado a los veintitantos años. Todo lo que puedo decir es esto: Dios me ha permitido hacer más de lo que jamás soñé. No puedo mostrarle mi gratitud de manera adecuada.

El descubrimiento de las cuatro puertas del crecimiento fue un momento iluminador para mí. Pero a medida que procesaba toda esa información, me di cuenta de que conocía a gente de fe que valoraba las cuatro áreas y que continuaba con su vida espiritual en pausa. ¡No estaban experimentando su vida en abundancia! ¿Por qué?

La respuesta es una revelación profundamente simple que literalmente cambiará su manera de vivir. Es la diferencia entre hacer un jonrón y que le hagan un *out*. Se la he enseñado a miles de personas de mi congregación, quienes les dirán: "Una vez que vea la respuesta, nunca verá la vida de la misma forma". Pero antes de hacerla pública, primero se la enseñé a mi primogénito, Josh. Compartiré con usted el proceso en el siguiente capítulo.

La guía de aplicación de John

Preguntas para discusión

1. Puede decirse que hay tres tipos de personas:

   A. Quienes han experimentado quebranto y se han amargado con Dios.

   B. Quienes han experimentado quebranto y se han vuelto dependientes de Dios.

   C. Quienes *todavía* no han experimentado quebranto.

   ¿Qué tipo de persona es usted? Si puede convertirse en un líder cristiano maduro con solamente experimentar quebranto y dependencia de Dios, ¿está dispuesto a pedirle quebranto a Dios? Explique.

2. Antes de leer este capítulo, ¿qué habría identificado como la clave o las claves del crecimiento y la madurez espirituales?

3. Kevin dijo que se identificaba estrechamente con la historia de José. ¿Usted también se identifica con José? De ser así, ¿por qué? De no ser así, ¿con qué personaje bíblico se identifica más fácilmente? Explique. Kevin aseveró que todos los líderes que crecen en su fe y sirven a Dios con eficacia han tenido que ganar en las áreas de dependencia, carácter, relaciones y efectividad. ¿Puede pensar en alguien de la Biblia que claramente no ganó en estas áreas? ¿Qué tan bien sirvió esa persona a Dios? ¿Puede pensar en un líder cristiano histórico que terminó bien pero que, sin embargo, no ganó en esas cuatro áreas?

5. ¿Cree que cualquier persona puede vivir una vida plena y productiva aunque pierda en una o más de las cuatro áreas? Explique.

6. ¿Alguna vez ha experimentado un tiempo con Dios que le haya dado una gran esperanza y grandes expectativas para su vida, solo para desilusionarse más tarde por la forma en que resultaron las cosas? De ser así, ¿cómo le impactó?

7. ¿Cuál de las cuatro áreas le parecen como el mayor desafío para usted personalmente? ¿Por qué?

8. ¿Qué está dispuesto a llevar a cabo para mejorar en esa área?

Tarea

Aparte varios momentos diferentes para realizar lo siguiente:

1. Metas y planes: Dedique tiempo para pensar acerca de sus metas, esperanzas y planes —pasados, presentes y futuros—. Reflexione acerca de las metas y las esperanzas de su juventud. Luego piense acerca de cómo su vida se ha desarrollado hasta ahora. ¿Cuán diferentemente han resultado las cosas en comparación con la manera en que usted había esperado?

   Ahora piense en sus esperanzas, sueños y objetivos actuales. ¿Se encuentra en un lugar donde está llevando a cabo con éxito estas cosas? ¿O siente más como si estuviera batallando?

   Basado en sus observaciones, ¿qué podría estar intentando enseñarle Dios? ¿Qué estará intentando desarrollar en usted? ¿Cuáles son sus esperanzas? Escriba al respecto en su diario.

2. Modelos bíblicos: De toda la gente cuyas historias están registradas en la Biblia, ¿con quién se identifica más? En los siguientes días o semanas, lea y relea los pasajes de la Escritura que contienen la historia de esa persona. Pídale a Dios que le revele sus verdades a medida que lea. Intente discernir las lecciones que se pueden aprender de su historia y cómo interactuó Dios con la persona. Registre sus observaciones en su diario y dedique tiempo para reflexionar en ellas.

   Si no se identifica fácilmente con un personaje bíblico o si siente que su limitado conocimiento de la Biblia puede estar evitando que se identifique con alguien de ella, lleve a cabo un programa de lectura bíblica. Le recomiendo leer Génesis, Éxodo, Lucas y Hechos para comenzar a comprender la Biblia con relativa rapidez. Esos cuatro libros contienen muchas de las historias de personas importantes de la Biblia.

4

Parábolas, béisbol y la vida de jonrón

COMPRENDER Y VIVIR de acuerdo con las cuatro puertas del crecimiento para obtener dependencia, ganar en el interior, ganar con otros y obtener resultados estaba cambiando mi vida y mi caminar con Dios. En lugar de meramente esperar que Dios me *facilitara* la vida, yo sentía profundamente que Dios me estaba haciendo crecer para hacer la vida *mejor*. Al principio, eso iba contra mi tendencia natural. Como la mayoría de la gente, yo deseaba una fe rápida de microondas, mientras que Dios deseaba desarrollar mi madurez en la olla de cocción lenta de la obediencia.

La perspectiva de John

Vivimos en una cultura de microondas que desea todo en un instante. Esa actitud a menudo nos desfasa del ritmo de Dios y con la manera en la que Él trabaja. Dios ve todo desde una perspectiva eterna. Salmos 90:4 dice: "Mil años, para ti, son como el día de ayer, que ya pasó; son como unas cuantas horas de la noche".

Debido a que a Dios le importa quienes somos, no solo lo que hacemos, nos permite el tiempo que necesitemos para cambiar. Él desea colocarnos en la olla de cocción lenta del cambio para que los cambios que experimentemos sean profundos y significativos.

Todo el tiempo le digo a la gente que no necesitamos más líderes de microondas. Creo que también es verdad que no necesitamos más cristianos de microondas.

Póngase en las manos de Dios y confíe en Él para ser moldeado en la persona que Él creó, tal como el alfarero modela el barro. Entonces usted estará listo para hacer lo que Dios lo llame a hacer.

A medida que yo crecí aumentó mi esperanza para el futuro. Mi sensación de paz en el proceso presente de crecimiento también me ayudó a relajarme y a ser menos inseguro. La Biblia estaba cobrando vida a medida que las historias del Antiguo y Nuevo Testamentos cobraban sentido a través del filtro de lo que Dios me había enseñado. Fue como la experiencia de comprar un tipo particular de coche y luego verlo en todos lados, porque uno lo está buscando.

Las piezas del rompecabezas de mi vida estaban armándose. Pero si me hubiese detenido ahí, me habría perdido de la profundamente simple comprensión que me dio una revelación de por qué la mayoría de cristianos viven como no creyentes. Fue una idea capaz de transformar nuestro pensamiento y nuestra forma de vivir, y la descubrí en una forma ordinaria.

En ese tiempo, mi hijo mayor, Josh, iba a cumplir once años de edad y estaba a punto de entrar a la secundaria. Aunque no todo seguidor de Cristo está llamado a dirigir una iglesia, todos los padres están llamados a dirigir a sus hijos. Yo tenía una profunda sensación de incompetencia como padre, particularmente cuando se trataba de transferirle mi fe a mi hijo. Desde luego, él estaba asistiendo a la iglesia cada semana, y nosotros teníamos continuas charlas de fe. Bajo mi dirección, él estaba leyendo la Biblia y orando. Pero yo no sabía cómo mostrarle el panorama completo de la fe. ¿Cómo podía esbozar una clara imagen del plan de juego de Dios para la vida? Creo que muchos padres batallan con esto.

Mi sensación de incompetencia se intensificó mucho más con mi creencia de que como padres *no* estamos aquí para criar niños. En cambio, creo que estamos aquí para criar adultos. El objetivo final de la paternidad es criar adultos emocional, espiritual y relacionalmente plenos que puedan hacer una contribución competente en su vida y su carrera. Solamente son niños durante una corta temporada, y en el tiempo que los tenemos podemos intentar imprimir en ellos las verdades que nosotros abrazamos.

Las verdades que yo había aprendido de las cuatro puertas

del crecimiento de la vida de José eran cosas que yo deseaba transmitir, pero no tenía un anzuelo —un punto de vista memorable— para hacer las ideas accesibles para mi hijo. Lo que yo necesitaba era una parábola. Necesitaba una manera de enseñarle la verdad acerca de cómo ganar en la vida y hacerlo en una manera que un chico de su edad pudiera comprender fácilmente, y que, sin embargo, pudiera conservar su profundidad y su revelación a medida que él avanzara hacia la adultez.

Jesús utilizó parábolas. En los Evangelios Jesús a menudo comparaba verdades espirituales con sucesos ordinarios con los que todos se identificaban. Por ejemplo, Jesús dijo...

"El reino de los cielos es como un hombre que sembró buena semilla en su campo" (Mateo 13:24).

"También se parece el reino de los cielos a una red echada al lago, que recoge peces de toda clase" (Mateo 13:47).

"Así mismo el reino de los cielos se parece a un propietario que salió de madrugada a contratar obreros para su viñedo" (Mateo 20:1).

"El reino de los cielos será entonces como diez jóvenes solteras que tomaron sus lámparas y salieron a recibir al novio" (Mateo 25:1).

"El reino de los cielos será también como un hombre que, al emprender un viaje, llamó a sus siervos y les encargó sus bienes" (Mateo 25:14).

Las parábolas de Jesús se trataban acerca de personas comunes de Israel durante ese tiempo; eran labores de agricultura, manuales y pesca. La ilustración normalmente era sencilla, pero la verdad era compleja, matizada y profunda. No es de sorprenderse que Jesús siempre dijera: "El que tenga oídos para oír, que oiga".

Una metáfora para la actualidad

Cuando comencé a buscar una metáfora, una parábola moderna, la descubrí en un juego que todo niño estadounidense ha visto y casi todos han jugado. Estoy seguro de que usted ya averiguó lo que es: el béisbol. Todos entendemos lo básico del béisbol. El pasatiempo nacional estadounidense está profundamente entretejido en nuestra cultura. Los niños de seis años lo juegan en ligas organizadas. Los atletas universitarios lo juegan en un alto nivel. Los atletas profesionales lo juegan en una industria multimillonaria. Los hombres y mujeres de mediana edad lejos de la plenitud de la vida pasan noches y fines de semana en los diamantes, jugando una variación llamada sóftbol. Los niños de las ciudades toman un palo de escoba y utilizan coches estacionados y tapas de alcantarilla como bases. Incluso los niños pequeños con solamente un pelota inflable de plástico juegan kíckbol, el cual imita las reglas del béisbol. Ahora, si Jesús le estuviera enseñando a la gente estadounidense y dijera: "El Reino de Dios es como un juego de béisbol", la gente podría comprender lo que Él estaba intentando enseñar.

Inspirado por el béisbol, comencé a enseñarle a Josh acerca del plan de juego de Dios para vivir, sobre cómo tener una vida de jonrón. ¡Y funcionó! La metáfora del béisbol hizo que los principios fueran accesibles y los hizo cobrar vida. Luego comencé a compartirla con amigos y con un grupo de hombres de negocios que estaba guiando en ese tiempo. Entre más lo enseñaba, mejor encajaba la analogía. Creé una serie de sermones al respecto y se la enseñé a toda mi congregación. Durante más de una década la he utilizado para ayudar a la gente a buscar a Dios y la vida abundante que Él tiene, y ahora deseo enseñársela a usted. Usted comprenderá por qué el béisbol funciona tan bien cuando llegue a la parte en donde la mayoría de nosotros nos quebrantamos y arruinamos nuestra vida, y cómo es que podemos darles vuelta a las cosas y seguir el patrón de Dios para una vida de jonrón.

Fundamentos del béisbol

Antes de describir cómo es que las cuatro puertas del crecimiento se relacionan con el béisbol, permítame comenzar por revisar algunos de los fundamentos del juego. Sin importar en qué nivel esté usted jugando, desde stíckbol callejero hasta la Serie Mundial algunas cosas son constantes:

1. Siempre hay cuatro bases.

2. Usted anota puntos solamente cuando cruza el *home*.

3. Debe tocar la primera, la segunda y la tercera bases antes de cruzar el *home*.

4. Debe correr las bases en orden.

5. Si se salta una base, está fuera.

Aunque haya muchos niveles y variaciones del béisbol, estas cinco cosas nunca cambian. No se comienza con cuatro bases en la liga infantil y luego avanza a cinco bases en la preparatoria, seis en la universidad, siete en las ligas menores y hasta ocho en las grandes ligas. No, solamente hay cuatro bases. Y en cada nivel, todas las reglas esenciales permanecen iguales.

Al utilizar esos fundamentos de béisbol podemos superponer el patrón de Dios para vivir y decir que en la vida solamente hay cuatro "bases", los cuatro componentes que descubrimos en la vida de José. Estas son las cosas que debemos ganar antes de que podamos "anotar" de acuerdo con el plan de juego de Dios:

- *Home*: obtener dependencia.

- Primera base: ganar en el interior.

- Segunda base: ganar con los demás.

- Tercera base: ganar resultados.

No importa quién sea usted ni dónde se encuentre en la vida, estas son las cuatro cosas que necesita para ganar. Si usted tuviera que buscar en todos los libros de autoayuda, en cada guía de formación espiritual, en cada manual para mejorar la vida, y en cada sermón, usted se daría cuenta de que los temas que abordan siempre caerán en una de estas cuatro categorías. Estas son tan válidas para un chico de escuela media, como Josh en ese tiempo, como lo son para alguien de mediana edad con una carrera y una familia.

Las reglas y las bases siempre son las mismas. Lo único que cambia es la liga de juego. Hay muchas ligas de juego, cada una con su propio nivel de habilidades. Pero las cuatro bases y la manera en que una persona anota siempre son las mismas. Usted tiene que cruzar el *home* o está fuera.

Miremos cada base más de cerca, así como su valor correspondiente.

Home: obtener dependencia

En el béisbol, los jugadores comienzan y terminan en el *home*. La meta de cada bateador es conectar con la pelota [golpear la pelota] y pasar por todas las bases. Continúe haciendo eso y ganará. Lo mismo sucede en el plan de juego de Dios para la vida. Comienza y termina con Dios. A medida que nos *conectamos* con Él, incrementamos nuestra dependencia de Él, tal como José lo hizo. La palabra clave en el *home* es conectar. En esta base es donde encontramos *propósito* y *poder*.

La capacidad de conectarnos con nuestro Creador lo cambia todo. A medida que nos conectamos con nuestro Padre celestial, el autor de la vida, comenzamos a comprender quién es Él. Él ha existido por la eternidad. Él existe en espíritu y ha creado otros seres espirituales, sus ángeles. Él creó el mundo material—todo lo que hay en el universo de la nada. Cuando creó a la humanidad, incluyéndolo a usted, él hizo algo totalmente radical: envolvió a un ser espiritual dentro de un cuerpo material. A medida que aprendemos más de Dios y de su perspectiva, comenzamos a darnos cuenta de que nuestro propósito es mayor que la vida en la Tierra. Posee una dimensión eterna.

Nuestra alma fue creada para vivir para siempre, y pasaremos la eternidad con Dios o sin Él.

Si nuestro sentido de propósito comienza y termina con la vida terrenal, nos estamos perdiendo del plan y el propósito que Dios planeó para nosotros. En su amor paternal por nosotros, Dios busca ayudarnos a ver más y a vivir más allá de nuestros años en la Tierra. Es similar a la manera en que intentamos ayudar a nuestros hijos a obtener una perspectiva más amplia de la vida que sus experiencias inmediatas. Por ejemplo, mi hijo Jadon, quien tiene nueve años, puede envolverse tanto con los legos que piensa que su habitación y los juguetes que hay en ella son el comienzo y el fin del mundo. Yo deseo prepararlo para más que eso en la vida.

Nuestra conexión con Dios comienza en la Tierra y se extiende hacia el cielo. Inicia cuando le decimos que sí a Cristo, pero es solamente el comienzo si vivimos de acuerdo con el plan de juego de Dios. Nuestra conexión se desarrolla y crece a medida que oramos, adoramos, leemos la Escritura, ayunamos, meditamos, guardamos un diario, servimos y damos. Recuerde que Romanos 12:1-2 nos dice que nos presentemos a Dios como sacrificio vivo. De esa manera, no nos conformamos al mundo, sino al plan de Dios, y como resultado podremos discernir la voluntad y el propósito de Dios para nuestra vida. Por lo tanto, cada acto de adoración sirve para ayudarnos a conectarnos mejor con Dios. Y entre mejor conectados estemos, más grande será nuestra dependencia. Al comprender que no podemos extraer el propósito de Dios con nuestro poder ni usar su poder para nuestro propósito, Dios nos da un mayor acceso a su poder y a su propósito. Y eso nos da dirección y capacidad para avanzar a la siguiente base.

Primera base: ganar en el interior

En el béisbol, la primera señal de éxito es llegar a primera base. En la analogía del béisbol, la primera base representa el carácter.

Esta es la *base personal*, el lugar donde primeramente debemos pelear y ganar nuestras batallas internas, tal como José lo hizo.

Cuando entramos en una relación con Dios, a la mayoría de nosotros nos impacta la experiencia de su perdón. Cuando nos damos cuenta de la magnitud del poder de Dios, comenzamos a orar que Él cambie las cosas. Nuestras oraciones a menudo suenan algo como esto:

> Oh, Dios, por favor cambia mis finanzas; necesito más dinero. Por favor, cambia mi trabajo; necesito un mejor trabajo. Por favor cambia a mi jefa, porque ella no me comprende. Por favor, cambia a mi compañero de trabajo, porque él puede llegar a ser un patán. Por favor, cambia a mi cónyuge, no tenía idea de con quién me estaba casando. Por favor, cambia a mis hijos (ellos tienen mucho de mi cónyuge). Y por favor, cambia la economía y el país, y...

¿Pero qué es lo primero en que Dios desea usar su poder para cambiar? ¡Nosotros! Los cambios que Dios desea ver están *dentro* de nosotros, no *alrededor* de nosotros. Nuestro avance llega cuando nos damos cuenta de que el primer propósito del poder de Dios es cambiarnos desde adentro al desarrollar un carácter santo.

Si usted no establece dependencia de Dios en el *home*, entonces no puede domesticar su orgullo. Termina convirtiéndose en su propio dios y carece de poder para crecer en carácter. Esta incapacidad de ser una persona de carácter conduce a otros problemas. Mina la capacidad de los demás para confiar en usted y crea otras crisis en el hogar y el trabajo.

Se necesita carácter para conducirnos, para hacer lo que es moralmente correcto, para continuar trabajando cuando estamos cansados y desanimados, para resistir la tentación. Debemos lidiar con nuestras emociones, dirigir nuestra voluntad, encargarnos de nuestros pensamientos y ser responsables de nuestras actitudes. La manera en que dirijamos nuestro carácter personal determina la manera en que prosperamos en la vida. John Maxwell dice: "El desarrollo del carácter es el centro de nuestro desarrollo, no solo como líderes, sino como seres humanos [...] Las rajaduras no atendidas del carácter solamente se harán más profundas y más destructivas con el tiempo".[1] La buena noticia es que Dios desea ayudarnos a cambiar y a crecer en el área del carácter. Él desea ayudarnos a ganar en el interior.

Segunda base: ganar con los demás

Todos los jugadores de béisbol desean llegar a primera base —"embasarse"—. Pero las cosas no se vuelven tan emocionantes hasta que el jugador llega a la segunda base. ¿Por qué? Debido a que de ahí es donde el jugador avanza hacia la posición que lleva a hacer puntos.

En nuestra analogía, la segunda base se trata de la comunidad. Es por ello que la llamo la *base social*. Si podemos trabajar con la gente y podemos llevarnos bien con ellos, eso nos coloca en posición de hacer puntos en la vida.

La vida está diseñada para ser una experiencia en comunidad. Cuando Dios hizo a Adán, Él creó a la persona. Cuando creó a Eva, introdujo la comunidad. Dios nos posibilitó hacer la vida unidos. Pero cuando el pecado entró en el mundo, el comienzo de las crisis en las relaciones tuvo lugar. La relación de Adán y Eva se averió. Caín y Abel, los primeros hermanos, tuvieron una terrible discusión que condujo al asesinato. Y los problemas continuaron desde ahí. Si leemos el Antiguo Testamento, sin embargo, vemos que a menudo Dios daba instrucciones diseñadas para enseñarnos a vivir en comunidad y ganar en las relaciones con los demás. Por ejemplo, cinco de los Diez Mandamientos contienen revelaciones acerca de cómo tratar y valorar a los demás. Claramente, a Dios le importan las relaciones.

El Nuevo Testamento vuelve a aseverar el valor que Dios

coloca en la gente y las relaciones. Jesús mismo dice que las relaciones con la gente ocupan el segundo lugar luego de nuestra relación con Dios. Cuando le preguntaron cuál era el más grande mandamiento, Él respondió: "'Ama al Señor tu Dios con todo tu corazón, con todo tu ser y con toda tu mente' —le respondió Jesús—. Éste es el primero y el más importante de los mandamientos. El segundo se parece a éste: 'Ama a tu prójimo como a ti mismo'".[2] En tan solo treinta y dos palabras, Jesús comunicó la importancia de ganar dependencia al amar a Dios con todo nuestro corazón, nuestra alma y nuestra mente (el *home*), ganar en el interior al amarnos a nosotros mismos (primera base) y ganar con los demás al amar a nuestro prójimo (segunda base). Estas cosas van de la mano y se superponen una sobre la otra.

Si deseamos convertirnos en quienes fuimos creados para ser, tener una vida de jonrón en abundancia, triunfar como líderes espirituales y cumplir nuestro propósito, debemos aprender a ganar en la base social y trabajar con los demás (en casa con la familia, en el trabajo con los empleados y los colegas, en la iglesia con los demás creyentes y en nuestra comunidad con los vecinos y con los que están en necesidad).

Tercera base: obtener resultados

La palabra clave es competencia. Para ser eficaces en la vida tenemos que poder llevar a cabo las cosas. Es por ello que la tercera base se llama *la base del desempeño*. Los resultados de verdad importan. En un juego infantil de T-bol, los organizadores pueden decir que nadie está llevando la puntuación, pero los jugadores saben quién va ganando. A todo mundo le importan los resultados.

A Dios también le importan. Él desea que nosotros realicemos nuestro trabajo con excelencia. Incluso a los esclavos se les ordenaba: "Hagan lo que hagan, trabajen de buena gana, como para el Señor y no como para nadie en este mundo, conscientes de que el Señor los recompensará con la herencia".[3]

Creo que el consejo de Dios acerca de trabajar duro y hacerlo con excelencia también se aplica a los empleados del mundo laboral de hoy (muchos de los cuales algunos días se sienten como esclavos). Dios desea que obtengamos resultados... en todo lo que hagamos.

Los cristianos tienden a catalogar el trabajo que hacemos dentro de la iglesia como "sagrado" y el trabajo de afuera como "secular". Pero Dios ve todo lo que hacemos como digno de su atención. Dios es el autor del trabajo. ¡Esa fue su gran idea! No debemos olvidar que Dios les asignó trabajo a Adán y a Eva en el Huerto de Edén. Y el trabajo "secular" de José en Egipto fue exitoso como resultado de que Dios estaba con Él y de que servía a un propósito sagrado a la vez. No hay una línea divisoria. Dios disfruta vernos desempeñarnos competentemente dondequiera que estemos.

Si somos competentes —de regreso a la analogía del béisbol—, tocamos la tercera base y estamos listos para regresar al *home*, "anotar" a través de cumplir el propósito que Dios nos dio cuando nos conectamos con Él en la caja del bateador. Eso nos lleva a un círculo completo. Cada vez que bateamos de nuevo podemos repetir el proceso.

Las cuatro puertas del crecimiento encajan perfectamente en el diamante común del béisbol como los que hay en decenas de miles de parques en todo el país. La parábola es algo que cualquiera puede comprender. Posee un valor en el sentido práctico temporal y desde una perspectiva eterna.

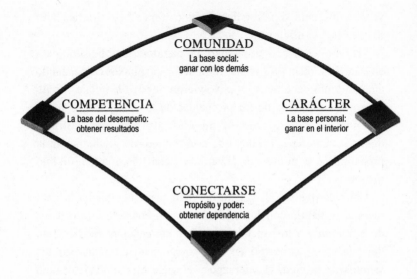

Para anotar en la vida y hacer que las cosas importen, usted necesita obtener dependencia de Dios en el *home*, ganar sobre los problemas de carácter en la primera base, ganar relaciones en comunidad en la segunda base, obtener resultados en la tercera base competentemente y regresar al *home* para completar el propósito de Dios para su vida. Usted tiene que ganar cada base, y hacerlo en el orden correcto.

Las bases son nuestro lenguaje común

Mientras enseñaba sobre el diamante del béisbol con cada una de sus bases y lo que representaban, pude ver que estaba funcionando con Josh. Aunque el mundo lo aclamara por sus buenas calificaciones, colocando primero la competitividad de la tercera base, mi esposa, Marcia, y yo, le animamos a colocar el carácter por sobre el desempeño. Aunque sus amigos le podían decir que la felicidad puede encontrarse en las relaciones con las chicas, nosotros le animamos a pelear primero por su relación con Dios en el *home*. El orden de prioridades en el patrón de Dios para la vida es diferente al patrón de nuestra cultura. Y esa diferencia es lo que hace la diferencia.

Primero comencé utilizando la metáfora del béisbol para enseñarle a Josh profundas verdades espirituales comenzando cuando tenía once años, y se volvieron nuestro lenguaje común para discutir acerca de los problemas de la vida. Luego, la usé para instruir y discipular a mi hija, Julisa. Ahora estoy utilizándola para enseñarle a Jake, que está a punto de graduarse de la preparatoria. Y pronto comenzaré a enseñársela a Jadon, mi hijo menor.

Una vez que me di cuenta de cuán bien funcionaba la analogía al utilizarla con Josh, comencé a enseñársela a los líderes de la iglesia y a los miembros de la congregación. El diamante del béisbol se convirtió en nuestro lenguaje para discutir los asuntos de la vida, el liderazgo y el viaje espiritual. Este hizo muy accesibles las verdades espirituales. La mayoría de las personas han jugado béisbol y saben cómo se siente ser ponchado, hacer un *hit* y anotar. Otra cosa que me gustó fue que la parábola describe un proceso continuo. El juego del béisbol está lleno de comienzos frescos y nuevos. Cada bateo es una nueva experiencia. Hay muchos juegos en cada temporada. Y si usted se vuelve un jugador dedicado, posiblemente pueda llegar al *home* y batear otra vez para completar una carrera.

De igual manera, en el viaje espiritual, cada día es un nuevo comienzo, otra oportunidad para conectarse con Dios, ganar batallas de carácter, interactuar positivamente con la gente y realizar el trabajo con excelencia. Y si nos volvemos dedicados a vivir a la manera de Dios y jugar de acuerdo con el patrón que Él desea, obtenemos muchas oportunidades de batear en nuestra vida y podemos anotar. Podemos tener una vida de jonrón. ¿Entonces por qué no lo hacemos? El secreto yace en *cómo* intentamos correr las bases.

Dónde nos equivocamos

En el béisbol, ¿sabe usted cómo se llama cuando golpea la pelota y corre hacia la base equivocada? ¡Liga infantil! Esa es la única ocasión en la que es divertido hacer eso. Cuando un niño de cuatro años da el primer golpe y corre a la base equivocada, todo mundo sonríe. Después de todo, el niño está aprendiendo el juego, y es divertido. Los padres toman videos y los publican en YouTube. Es lindo. Pero si traslada esa imagen a una verdad espiritual, esta puede conducir a una de las mayores revelaciones de la vida, un avance de grandes ligas que nos lleve a comprender por qué la gente puede reconocer la existencia de las cuatro bases, no obstante perder en los sueños de la vida.

¡Corremos las bases en sentido contrario!

En América del Norte, el desempeño lo es todo. ¿A cuántas personas conoce que ponen su carrera en *primer lugar*? Casi se asume, si no se espera, que la gente viva para trabajar y trabaje para vivir. No es de sorprenderse que veamos calcomanías para el parachoques que dicen: "El que muera con más juguetes gana". En una sociedad conducida por el desempeño, se eleva a la gente más por *lo que hace* y por *lo que gana* que por *quien es* en el interior. El éxito profesional y material se vuelven nuestra identidad básica. Está tan profundo en el ADN de nuestra cultura que muchos de quienes nos volvemos seguidores de Cristo no renovamos nuestra mente como se aconseja en Romanos 12:2 cuando rendimos nuestra vida para seguir a Dios. Este patrón del mundo está tan engranado que no estamos conscientes de que es la manera del mundo, no la de Dios. De forma que nos conformamos a él por hábito y terminamos abandonando o arruinando las cosas más importantes de la vida. Estamos intentando tomar el atajo —hacer trampa— y ni siquiera nos damos cuenta de ello.

Cuando corremos a la tercera base *primero* como un patrón de vida, hacemos trampa en todas las demás bases. Bajo la presión del desempeño, le hacemos trampa a nuestro matrimonio con el tiempo, la energía y la comunicación que necesita para progresar —o para siquiera sobrevivir—. Muchas personas terminan haciendo trampa moralmente [cometen adulterio], porque se han vuelto relacionalmente vacíos. ¿Cuántos han quemado un matrimonio por construir una carrera? ¿Cuántos han hecho trampa en dar el tiempo que necesitaban darles a sus hijos? Por el bien de su carrera, ellos descuidan lo más importante. Por defecto o por divorcio, los que corren primero a tercera base terminan separados de aquellas personas que trajeron al mundo con la esperanza de ayudarlas a triunfar. Como cultura, nosotros corremos a tercera base y luego regresamos al *home* y lo llamamos un jonrón, pero la realidad es que terminamos perdiendo en nuestra vida en el hogar. Se hacen trampa con el sueño más grande cambiándolo por algo menos importante.

Cuando corremos *primero* a tercera base, nos engañamos. A menudo sacrificamos nuestra salud, violamos nuestra consciencia moral y acumulamos grietas en nuestro carácter tanto que finalmente deshacemos cada éxito que intentamos construir en tercera base.

Mi hijo Jake ha pasado por el derrumbe de dos héroes deportivos a sus dieciocho años, porque ellos descuidaron su carácter mientras perseguían su éxito profesional. Cuando Jake era pequeño, él era un fanático del fútbol americano y le encantaba ver jugar a Michael Vick para los Halcones de Atlanta. Vick terminó en una prisión federal por organizar peleas de perros. Luego, en la preparatoria, cuando Jake hizo del golf su nuevo deporte, su héroe era Tiger Woods. Woods engañó a su esposa y destruyó a su familia. ¿Cuántas historias más de fracaso moral necesitamos en las noticias para recordarnos que cuando hacemos trampa en la primera base saboteamos el sueño de la vida? La mayor diferencia entre Michael Vick o Tiger Woods y nosotros es que nuestra historia no obtiene atención nacional. Pero el daño a nuestros sueños puede ser igual de grande.

Cuando corremos *primero* a tercera base, también hacemos trampa en nuestra relación con Dios. ¿Cuántos de nosotros como seguidores de Jesucristo estamos demasiado ocupados para leer la Biblia, orar, asistir a un servicio de adoración cada ocho días o servir a los demás para hacer avanzar el Reino de Dios en la Tierra? El patrón de este mundo nos consume. Y cuando llega la presión, ofrecemos una oración instantánea buscando la voluntad de Dios al respecto. Pero eso va contrario a lo que nos dice Romanos 12:1-2. Nos dice que cuando ya no nos conformemos al patrón de este mundo, *entonces* podremos discernir la voluntad de Dios, su buena voluntad agradable y perfecta para nuestra vida. ¿Cómo podemos esperar saber eso cuando estamos haciendo todo lo demás a nuestra manera?

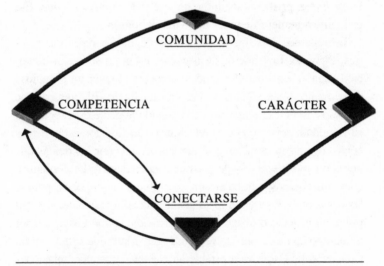

COMUNIDAD

COMPETENCIA

CARÁCTER

CONECTARSE

Algunos corren a la tercera y luego de vuelta al home.

Nuestro mundo continúa llamándolo un jonrón cuando nos apresuramos hacia la tercera base y regresamos; pero Dios lo llama *out*. Y quien mire sinceramente los efectos a largo plazo de vivir como un corredor a tercera base [saltándose las demás bases] también lo llama un *out*. Correr las bases en sentido contrario no funciona, porque nos perdemos de todo el sueño de la vida. Todos tienen sueños similares en la vida: soñamos con el éxito en una carrera, familia, amigos, respeto por uno mismo, importancia. Muchas personas encuentran éxito en un aspecto, pero los ponchan en otro. Obtienen éxito en su carrera, pero naufragan en su matrimonio. Construyen su carrera, pero colapsan en su cuerpo. Pelean por hacer tiempo para la familia, y no logran encontrar tiempo para sí mismos. Es como intentar sujetar cuatro pelotas de playa bajo el agua a la vez. Una o más siempre se nos escaparán.

No es que la tercera base no importe. Sí importa. Pero la única manera de *ganar* todas las bases es correrlas en orden. Ese es el asunto. Para vivir de acuerdo con el plan de Dios debemos cubrir las bases en el orden lógico de acuerdo con los valores de Dios: *home*, primera, segunda, tercera y de vuelta al *home*. Esa es la única manera de tener una vida de jonrón.

Esto parece igualmente lógico desde una perspectiva práctica. Piénselo. Los líderes de negocios están en su mejor condición cuando son liberados emocionalmente al tener un grandioso matrimonio, hijos sólidos y una familia fuerte. El liderazgo de negocios está en la mejor posición cuando la gente está segura de su identidad, por causa de su relación con su Creador, están firmes como roca en su carácter y se preocupan más por los demás que por sí mismos. Este tipo de personas puede desarrollar confianza, construir equipos y trabajar con un enfoque como pocos, porque las cosas están bien en el resto de su vida. Sinceramente, si usted posee un negocio o dirige una organización, ¿no le gustaría tener un equipo con este tipo de personas: gente humilde y fiel con un carácter sólido, una vida estable en el hogar y buenas relaciones que siempre obtienen resultados en el trabajo?

La perspectiva de John

La primera vez que Kevin me compartió acerca del diamante y me señaló cómo la mayoría de las personas corre las bases en el orden equivocado, poniendo en primer lugar la tercera base, recuerdo haber pensado: *Esta es nuestra cultura. Aquí es donde vive la gente. Esto muestra en dónde nos equivocamos. Esto ayudará a mucha gente.*

La tentación de correr primero a tercera base es muy fuerte, especialmente en el mundo de los negocios. La gente no paga por la mediocridad. Nadie se sale de su camino por la mediocridad. Los líderes no desean equipos promedio. Por tal razón, la gente se enfoca primero en la tercera base. Pero esa es una manera a corto plazo de ver las cosas. La excelencia es sustentable a lo largo del tiempo cuando ponemos primero lo primero.

El diamante de béisbol y la idea de correr las bases de la manera correcta es muy consistente con mi comprensión de liderazgo. Cuando enseño los 5 niveles del liderazgo, explico que el primer y más bajo nivel del liderazgo es la posición. Para un líder cristiano, ¿dónde comienza todo? En su posición en Cristo. Eso corresponde con el *home*. Cuando dependemos de Dios y nos conectamos con Él, podemos estar seguros de quienes somos como líderes y abiertos a lo que Dios desea cambiar en nosotros. Eso lleva al desarrollo del carácter que Kevin describe en la primera base.

El segundo nivel del liderazgo es el Permiso. Aquí es donde los líderes desarrollan relaciones con los demás y la gente comienza a seguirlos porque lo desea. Eso corresponde con la segunda base en el diamante del béisbol.

El tercer nivel del liderazgo es la Producción. Aquí es donde la gente comienza a seguir por lo que el líder hace para la organización. Esto corresponde con la tercera base: obtener resultados.

Más adelante en *El jonrón,* Kevin hablará acerca de recorrer el circuito completo de vuelta al *home* y anotar. Esto corresponde con el cuarto nivel, es decir, el desarrollo de las personas. Cuando se trata de liderazgo, desarrollar a otras personas como líderes es como anotamos grandes puntos. Kevin también hablará acerca de avanzar a mayores ligas de juego. Eso corresponde con el quinto nivel: el Pináculo. Así como muy pocos jugadores llegan al Salón de la Fama en Coopperstown, solamente pocos líderes llegan al Pináculo.

Otros corredores equivocados

Desde luego, las personas que no logran seguir el plan de juego de Dios, no solamente corren primero a tercera base. Algunas personas corren derecho a segunda base, colocando primero sus relaciones descuidando así las otras bases. En años recientes ha habido una respuesta negativa al enfoque sobre el desempeño de la generación de los *baby boomers*. Como resultado, las generaciones más jóvenes han volteado su atención hacia las relaciones, convirtiéndolas en lo más importante. Es posible escuchar a gente decir cosas como:

> Hacer la vida con los amigos es lo más importante.
>
> Mis hijos son mi vida.
>
> La familia lo es todo.
>
> Cuando me case seré feliz.

Si usted se encuentra diciendo cosas como esas, entonces posiblemente sea de los que corren primero a segunda base. Esencialmente podría estar corriendo a segunda base y de vuelta al *home* y llamándolo anotación. Las relaciones, tal como su carrera, son importantes. Pero nunca deben estar en primer lugar. Dios siempre es primero. Ir a segunda base *primero* tampoco proporcionará una vida abundante. La gente es falible, si usted pone en ella toda su esperanza, se desilusionará. Nosotros estamos destinados a vivir en comunidad, pero la comunidad no lo es todo.

¿Existen los que corren solo a primera base? Sí. Creo que muchas personas del movimiento monástico temprano cayeron en este patrón. Esto los llevó a desconectarse del mundo y entrar en un claustro. Algunos cristianos continúan intentando desconectarse del mundo y de otras personas. Eso es un problema, porque Jesús llama a sus seguidores a hacer discípulos de los demás,[4] y la Escritura dice que no podemos separar el amor hacia los demás seres humanos de un amor genuino por Dios.[5] Claramente, saltarse la segunda base e ignorar a la gente no es una opción si deseamos vivir la vida conforme Dios nos guíe.

Mire los diferentes tipos de personas y se dará cuenta de que muchas desean correr las bases a su manera, enfocándose solamente en una base o ganando algunas bases pero descuidando otras por completo. Por ejemplo, a algunos políticos parece que solo les importa la segunda base. Su enfoque completo se encuentra en ganar votantes. Si son reelegidos, ellos lo llaman una victoria. O mire algunas iglesias: animan a la gente a adorar a Dios, trabajar en el carácter y ganar relaciones, pero ignoran la tercera base. Dicen: "No deberías administrar una iglesia como un negocio", como si a Dios no le importara hacer las cosas con excelencia.

No existen atajos en el recorrido espiritual. No podemos saltarnos las bases ni hacer las cosas a nuestra manera y continuar teniendo una vida de jonrón, una vida que sea completa y enteramente como Jesús lo promete. Tenemos que tocar cada base y hacerlo en orden. Lo trágico es que la mayoría de las personas que han arruinado su vida han hecho lo contrario. Comienzan como corredores de tercera base porque piensan que su carrera les dará todo lo que desean en la vida.

Luego de un rato se dan cuenta de que los logros profesionales o la ganancia material pueden ser muy superficiales, y finalmente reconocen la importancia de la gente. Como resultado, corren de la tercera a la segunda base, esperando reparar las relaciones que han lastimado. Con frecuencia lo hacen en un segundo o incluso un tercer matrimonio. Además pueden intentar reconstruir relaciones con sus hijos marginados. Pero a menudo se encuentran incapaces de sanar o sostener sus relaciones. ¿Por qué? Resolver los problemas importantes de carácter es fundamental para construir relaciones.

En un intento por salvar sus relaciones, finalmente comienzan a intentar superar algunos de sus problemas de carácter en primera base. Pero la mayoría se topan con la pared, porque es algo que no pueden ganar por sí solos. Si usted tiene más de cuarenta años y ha intentado cambiar los hábitos arraigados de carácter, sabe que este puede ser un gran desafío: intentar cambiar la dieta y las disciplinas de ejercicio si usted nunca los desarrolló, trabajar en retener su lengua si solía decir lo que se le antojaba, hacer un esfuerzo por tener una actitud positiva cuando ha experimentado una vida de pesimismo. En desesperación, muchas personas buscan a Dios para finalmente obtener su ayuda.

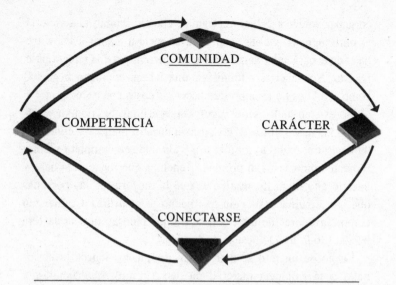

Algunas personas recorren el diamante en sentido contrario.

¡Han recorrido todo el diamante en sentido contrario! Han pasado de la competitividad de la tercera base a la comunidad de la segunda base, al carácter de la primera base, al *home*, intentando conectarse con Dios. Luego de toda una vida de correr en la dirección equivocada, su vida está lejos de lo que esperaban y ni siquiera saben por qué. Pero la buena noticia es que cuando finalmente corren a los brazos de Dios, Él los ha estado esperando todo este tiempo y está dispuesto a ayudarlos. Todo lo que necesitan hacer es intentar vivir de acuerdo con su plan de juego.

Un cambio de dirección

Al haber estado en el ministerio durante más de treinta años, he visto a mucha gente como yo, que estaban corriendo en la dirección equivocada de las bases de la vida. Uno de ellos fue Luis Ramos, un hombre de negocios muy importante. Tal como muchas personas, Luis comenzó la vida con grandes sueños: asistió a la Academia Naval de los Estados Unidos y se convirtió en un piloto de combate. Pero la vida corrió, tal como lo hace con todos nosotros. Terminó casándose luego de salir de la preparatoria y tuvo hijos. En lugar de una carrera naval tomó un trabajo en la industria de los seguros y fue muy exitoso.

Pero Luis sentía una creciente insatisfacción. Trabajó más duro y ganó más dinero, pero eso no ayudaba. Sabía que algo necesitaba cambiar, de manera que tomó discretamente una decisión. Él no deseaba volver a comenzar su carrera —había trabajado bastante duro para eso—, así que volvería a comenzar el resto de su vida. Él se daría una segunda oportunidad. Le dijo a su esposa que deseaba el divorcio. Luis se mudó al cuarto de huéspedes de su casa y comenzó a planear cómo dividirían las cosas.

En ese tiempo, Luis asistió a 12Stone durante una serie acerca del plan de Dios para tener una vida de jonrón. Cuando Luis vio el diagrama del diamante y escuchó acerca de los corredores de tercera base, pensó: *Ese soy yo. ¡Esa es mi vida!* Luis se dio cuenta de que había estado corriendo las bases en dirección contraria toda su vida, y reconoció los resultados. De inmediato fue con su esposa, Roni, y le dijo: "Algo ha sucedido. He cometido un terrible error. Deseo cambiar mi vida. Te quiero de vuelta".

A Roni le tomó muchos meses hacerse a la idea, y a él le tomó muchos años volver a ganarse su confianza. Pero Luis persistió. Y lo más importante, cambió su manera de vivir. Quitó su enfoque de la persecución de su carrera y se enfocó en perseguir a Dios, y comenzó a correr las bases en la manera correcta. Eso cambió su relación con Dios, edificó su carácter y salvó su matrimonio.

¿Qué hay de su trabajo? Tuvo que sacrificarlo por su familia, ¿cierto? No. Luego de colocarlo donde correspondía —después de Dios, de su integridad y de su familia—, se volvió mucho mejor de lo que era antes.

"Había estado desperdiciando mi vida —dice él—. Cuando estaba persiguiendo cosas materiales, se volvió difícil. Me consumía todo el tiempo. Todo mi enfoque se encontraba en trabajar y ganar. Pasé incontables horas en la oficina. Estaba intercambiando todo por ello. Decía que era para mi familia, pero esa era una mentira. Una vez que comencé a correr las bases correctamente, cambié mis horas y mi tiempo en la oficina. Ya no estaba renunciando a todo por mi carrera. Lo irónico es que me volví mucho más exitoso materialmente".

Yo [Kevin] tengo que admitir que comencé mi carrera corriendo las bases en la dirección equivocada. Coloqué todo mi enfoque en llevar a cabo la visión, al igual que José. Tuve que aprender a acudir primero a Dios y a depender de Él, permitiéndole desarrollar mi carácter y facultarme para reparar y construir mi relación con mi familia y los demás. Ese fue el verdadero trabajo que Dios deseaba hacer en mí. Fue solo entonces que pude ganar en la tercera base y cumplir mi propósito al regresar al *home* para hacer "puntos". Cuando comencé a correr por las bases en la forma correcta luego de más de treinta y cinco años de vida y casi dos décadas de liderazgo cristiano, finalmente estaba practicando Romanos 12:2. Ya no me estaba conformando al patrón de este mundo, sino siendo transformado en la renovación de mi entendimiento. Como resultado, pude probar y comprobar cuál era la voluntad de Dios, buena, agradable y perfecta.

La perspectiva de John

En el capítulo anterior, le proporcioné una definición de éxito que es válida para todos. Ahora deseo proporcionarle otra definición. Esta es una definición que creo que se me aplica: éxito es que mis más cercanos me amen y me respeten más. ¿Por qué lo digo? Porque es un recordatorio para que cuide del *home* y de la primera base cada día de mi vida. Si no permanezco cerca de Dios y observo mi carácter, podría hacer cosas que dañen mis relaciones con mi esposa, Margaret, mis hijos y sus cónyuges y mis cinco nietos.

¿En qué dirección correrá usted?

¿Qué tipo de corredor ha sido en su vida? ¿Se ha amoldado inconscientemente al patrón de este mundo, corriendo por las bases en sentido contrario? ¿O se ha saltado las bases llamándolo una anotación? La buena noticia es que usted puede cambiar. Pero debe estar dispuesto a vivir a la manera de Dios. Eso tomará un proceso. Una cosa es *entender* el béisbol y ver un juego. Se necesita mucho más esfuerzo para *jugar* béisbol de verdad y triunfar, especialmente en un alto nivel. Conectar con una bola rápida que viaja a noventa millas por hora [144,8 km/h] no es tarea fácil. Golpear una curva es todavía más difícil. Usted tiene que abrirse paso de camino a la cima. Tiene que comenzar en una liga que corresponda con su habilidad, sus capacidades y su experiencia. Necesita aprender mucho antes de poder jugar en un nivel más alto. Requiere de tiempo y trabajo.

Los capítulos siguientes de este libro están diseñados para ayudarle a aprender cómo ganar cada base y hacerlo en el orden correcto. Deseamos ayudarle a que corra las bases de la manera correcta y que tenga una vida de jonrón al vivir el sueño que Dios tiene para usted. Los siguientes cuatro capítulos explicarán las complejidades de las bases y cómo ganarlas. Le capacitaremos para que pueda mejorar su juego. Continuaremos incluyendo preguntas de discusión y actividades al final de cada capítulo. Usted puede considerarlas como práctica de bateo.

La perspectiva de John

Un bateador de preparatoria recibió una invitación para un entrenamiento de primavera en un equipo de grandes ligas. Luego de la primera semana, él muchacho envió un correo electrónico a casa para decir: "Querida mamá: Estoy a la cabeza de todos los bateadores. Estos lanzadores no son muy duros". La siguiente semana presumió: "Ahora estoy bateando .500 y parece que estaré abriendo en el *infield*". Sin embargo, la tercera semana escribió: "Hoy comenzaron a lanzar curvas. Estaré en casa mañana".

No permita que las curvas de la vida lo saquen del juego. Aguante ahí y continúe entrenando. Usted puede recibir lo mejor que Dios tiene para usted, cumplir su propósito y tener una vida de jonrón si está dispuesto a aprender a correr las bases de la vida en la manera correcta.

Al hacerlo, recuerde esto. El viaje espiritual, como el béisbol, no está destinado a ser un solo lanzamiento. Representa toda una carrera. Usted tendrá muchas oportunidades de acercarse al *home*, y no importa cuántas veces en el pasado haya sido ponchado. Una vez que usted ha aceptado a Jesús, está en el equipo de Dios; usted lleva su camiseta. Así que acepte la invitación de Dios para entrar en el juego y aprender bajo su dirección, y cuando entre en el juego, juegue para ganar.

La guía de aplicación de John

Preguntas para discusión

1. ¿Cuál es su experiencia personal con el juego de béisbol? ¿En qué forma jugaba: hárdbol, sóftbol, kíckbol? En general, ¿diría que su experiencia ha sido positiva o negativa?

2. En su vida, ¿en qué "base" ha enfocado la mayor parte de su tiempo y energía para ganar: en el *home* (ganar con Dios), en primera (ganar en el interior), en segunda (ganar con los demás) o en tercera (obtener resultados)? ¿En qué aspecto positivo ha cambiado este enfoque su vida? ¿En qué aspecto negativo la ha impactado?

3. ¿Qué base ha descuidado más? ¿Cómo ha impactado eso su vida?

4. ¿Está de acuerdo en que es importante correr las bases en el orden sugerido en el capítulo? Explique por qué sí o por qué no.

5. ¿Cómo podría cambiar su vida si le diera paso al patrón sugerido en el capítulo?

6. ¿Qué paso inmediato está dispuesto a dar para cambiar su manera de vivir?

Tarea

Separe al menos varias horas y posiblemente todo un día para apartarse y evaluar la manera en que ha estado viviendo. Escriba una lista de lo más importante de su vida. Luego evalúe cómo ha estado ordenando sus prioridades, con base en cuánto enfoque, tiempo, esfuerzo y dinero ha dedicado a ello. Después, considere cada prioridad y asigne en qué base cae. Dedique tiempo en oración, hablando con Dios acerca de lo que descubra, y escuchando para sentir su respuesta.

5

El *home*: Cómo ganar con Dios

CUANDO UN JUGADOR de las grandes ligas de béisbol asciende al *home* en un juego, sabe lo que debe hacer. Debe hacer un *hit*. Si hace un *hit,* se "embasa" [entra al circuito de bases] y eso le dará la oportunidad de anotar puntos. Esa es la razón por la que los buenos jugadores pasan mucho tiempo practicando su bateo. Trabajan en su postura. Perfeccionan su *swing*. Aprenden a leer los lanzamientos. Trabajan duro en el *home*. ¿Por qué? Porque necesitan conectar con la pelota; si no lo hacen, no tienen esperanzas de un jonrón.

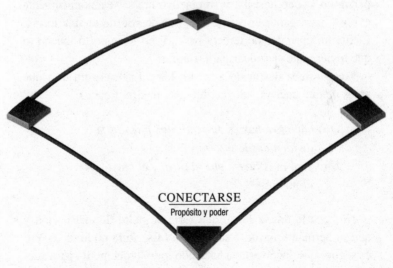

CONECTARSE
Propósito y poder

En la vida como en el béisbol, todo comienza y termina con el *home*. Lo que es más, todo comienza y termina con Dios. Para tener la vida que deseamos necesitamos conectarnos con Dios. Cuando no lo hacemos, a menudo nos metemos en problemas.

Ayúdate que yo te ayudaré. ¿En serio?

El deseo obstinado de la humanidad de ser independientes e irnos por nuestro propio rumbo es tan antiguo como el Huerto de Edén. Y ha continuado hacia toda la humanidad. Uno de los mejores ejemplos que brinda la Escritura de alguien que deseaba la bendición de Dios mientras iba por su propio rumbo fue Jacob, el hijo de Isaac (y padre de José). Jacob fue un hombre que de verdad deseaba triunfar en la vida. Su nombre puede traducirse como "el que sostiene el talón" o "suplantador". Pero una mejor manera de expresarlo sería "ambicioso".[1] Jacob fue alguien que persiguió lo que deseaba y su objetivo era ser económicamente exitoso, para ganar en su carrera, por decirlo de alguna forma. Él fue un corredor de tercera base. Y no le importó mucho lo que tuviera que sacrificar para triunfar.

Jacob estaba destinado a ser un líder. La Escritura dice que antes de que naciera, Dios le dijo a su madre, Rebeca:

> *Dos naciones hay en tu seno; dos pueblos se*
> *dividen desde tus entrañas.*
> *Uno será más fuerte que el otro, y el mayor servirá*
> *al menor.*[2]

¿Rebeca le dijo a Jacob que sería el padre de una nación y que su hermano mayor le serviría? La Escritura no lo dice. Pero es seguro que Jacob estaba haciendo todo lo que podía para adelantarse, incluso si eso significaba tomar atajos en su carácter y quemar relaciones. Jacob le timó a Esaú su primogenitura, haciendo que el hermano mayor la intercambiara por un plato de lentejas. Más tarde, Jacob engañó a su padre para que le diera la bendición de Esaú.

¿Por qué Jacob trabajó tan duro para tener esas dos cosas? Porque la persona que recibía el derecho de primogenitura y la bendición del padre sería el receptor del favor de Dios. Él tendría derecho a la mayor parte de la riqueza de la familia. Y tendría el lugar de poder y autoridad en la familia cuando Isaac falleciera. Jacob estaba dispuesto a comprometer su integridad y arriesgarse a alejar a su familia para obtener lo que deseaba. En otras palabras, él deseaba el poder de Dios, pero para su propio propósito.

Creo que así es como muchos de nosotros abordamos la vida. Perseguimos lo que deseamos o lo que pensamos que debe ser nuestro, y esperamos que Dios nos bendiga y nos ayude en el camino. *Dios, por favor dame esto;* o: *Dios, ayúdame a hacer eso.* O pedimos que Dios bendiga lo que estamos haciendo en lugar de intentar hacer lo que Dios está bendiciendo. Yo sé que eso fue lo que hice cuando abrí la 12Stone Church. Dios me había dado la visión, de manera que fui tras ella a *mi* manera y asumí que Dios lo bendeciría. Pero Dios estaba más interesado en quién me *convertí* que en lo que *hice.* Eso también le sucedió a Jacob. Eso también es para usted.

Hagamos un trato

Cuando la gente no se conecta con Dios es más probable que comprometan su carácter en la primera base. Una vez que lo han hecho, falta solo dar un pequeño paso para dañar sus relaciones en segunda base. Eso sucedió con Jacob. Le mintió a su padre y a su hermano Esaú. El hermano de Jacob estaba tan encolerizado que decidió que prefería matar a Jacob que permitirle estar por sobre de él en la familia. En consecuencia, Jacob escapó. Se dirigió a la casa de su tío Labán. Pero en el camino, Jacob tuvo una visión celestial en la que Dios le dijo:

"Yo soy el *Señor*, el Dios de tu abuelo Abraham y de tu padre Isaac. A ti y a tu descendencia les daré la tierra sobre la que estás acostado. Tu descendencia será tan numerosa como el polvo de la tierra. Te extenderás de norte a sur, y de oriente a occidente, y todas las familias de la tierra serán bendecidas por medio de ti y de tu descendencia. Yo estoy contigo. Te protegeré por dondequiera que vayas, y te traeré de vuelta a esta tierra. No te abandonaré hasta cumplir con todo lo que te he prometido".[3]

¡Caramba! ¡Qué promesa! Dios dijo que le entregaría todo lo que le había prometido a Abraham, el abuelo de Jacob, y que él sería el receptor. Probablemente era más de lo que Jacob el ambicioso pudo haber imaginado.

¿Cuál fue la respuesta de Jacob?

Si Dios me acompaña y me protege en este viaje que estoy haciendo, *y* si me da alimento y ropa para vestirme, y si regreso sano y salvo a la casa de mi padre, *entonces* el Señor será mi Dios [énfasis añadido].[4]

Eso suena como una respuesta bastante débil. Pero no condenemos a Jacob tan rápidamente. Otros con el beneficio de la retrospectiva nos miran y dicen que nuestras respuestas a las promesas de Cristo para nuestra vida abundante son similarmente débiles. Jesús dice que si buscamos primero su Reino tendremos todo lo demás que necesitemos. No obstante, continuamos persiguiendo nuestros planes.

Para utilizar una analogía, piense en la vida como una tarta. Cuando nos hacemos cristianos decimos: "De acuerdo, Dios. Gracias por salvar mi vida", y le asignamos a Dios una rebanada de la tarta de la vida. A medida que Dios nos invita a crecer, vemos ese proceso como darle a Dios una rebanada cada vez más grande de nuestra tarta. Posiblemente comenzó con 5% y lo incrementamos a 10 o incluso a 25%.

¿Qué de malo tiene esa perspectiva? Que mira la vida como rebanadas o compartimentos. Tenemos nuestra rebanada del trabajo, nuestra rebanada de la escuela, la rebanada de las finanzas, la rebanada de nuestro pasatiempo, la rebanada religiosa. Pero así no es como Dios lo ve. Dios está diciendo: "No, no, no. No deseo una fina tajada de 'tu' tarta. Yo no soy una rebanada de tu vida separada del resto de ella. ¡Yo soy la corteza de la tarta! Yo mantengo todo unido. Entrégame toda tu vida. Yo afianzo todo: tu empleo, tu matrimonio, tu familia, tus finanzas, tus pasatiempos... todo. Esto es parte del proceso de renovar tu mente. Esto es lo que conduce a una vida transformada".

Nos da la sensación de que cuando Jacob recibió la visión, él continuaba tratando de engañar a Dios. Le ofreció una rebanada de su tarta solamente si Dios le daba todo lo que Él deseaba. En otras palabras, él estaba diciendo: "Sigue mis planes, Dios, y trato hecho". En esos momentos, el objetivo de Jacob no cambió. Él todavía deseaba el éxito. Trabajaba para su tío con el fin de hacer su fortuna. Cuando vio a Raquel y se enamoró de ella, él estuvo muy alegre de hacer más trabajo para obtenerla.

Es verdad que Jacob triunfó económicamente, pero lo hizo en medio del conflicto. Hizo un desastre de sus relaciones, lo cual lo podemos ver en su familia disfuncional formada por un hermano marginado, un suegro mentiroso, esposas celosas, concubinas competitivas, cuñados enfadados e hijos que se involucraron en una rivalidad fraternal de clase mundial (sus hijos fueron los celosos hermanos que vendieron a José como esclavo). Jacob hizo su fortuna, pero pagó por ella de otra manera. Y cuando finalmente estuvo listo para regresar a casa luego de veintidós años de trabajo, sintió que tenía que huir en medio de la noche. Todavía estaba tomando atajos.

La lucha

Cuando leemos la historia de Jacob pensamos que él nunca va a cambiar. Siempre está trabajando un ángulo. Siempre está intentando adelantarse en una manera falaz. Trabaja el sistema y se va por atajos. Hace sus tejemanejes. A veces lo engaña la persona con la que está negociando, como sucedió cuando Labán sustituyó a Raquel con Lea en su noche de bodas. Otras veces, él es el que saca la delantera, como lo hizo con el viejo Isaac y más tarde con Labán y sus rebaños.

Pero luego, algo le sucedió a Jacob que cambió todo. De regreso a su patria, mientras enfrentaba la posibilidad de que Esaú y sus cuatrocientos hombres los mataran a él y a toda su familia a la mañana siguiente, Jacob se encontró en una lucha. Era la primera vez que Jacob se encontraba con Dios en los términos de Dios. Génesis 31:24-30, dice:

> Quedándose solo. Entonces un hombre luchó con él hasta el amanecer. Cuando ese hombre se dio cuenta de que no podía vencer a Jacob, lo tocó en la coyuntura de la cadera, y ésta se le dislocó mientras luchaban. Entonces el hombre le dijo:
> —¡Suéltame, que ya está por amanecer!
> —¡No te soltaré hasta que me bendigas! —respondió Jacob.
> —¿Cómo te llamas? —le preguntó el hombre.

¿Ha leído esta historia y se ha preguntado por qué esta manifestación o representante de Dios le preguntó su nombre a Jacob? Definitivamente conocía la respuesta. De manera que tenemos que concluir que no estaba pidiendo información.

¿Qué si estaba pidiendo una confesión? La última vez que le habían hecho una pregunta a Jacob, su respuesta fue una mentira: "Soy Esaú".[5] Esta vez —probablemente por primera vez en su vida— Jacob fue sincero consigo mismo y con Dios:

—Me llamo Jacob —respondió.

Entonces el hombre le dijo:

—Ya no te llamarás Jacob, sino Israel, porque has luchado con Dios y con los hombres, y has vencido.

—Y tú, ¿cómo te llamas? —le preguntó Jacob.

—¿Por qué preguntas cómo me llamo? —le respondió el hombre.

Y en ese mismo lugar lo bendijo. Jacob llamó a ese lugar Penuel, porque dijo: "He visto a Dios cara a cara, y todavía sigo con vida".

Toda su vida antes de esa noche, Jacob había vivido a su manera, pretendiendo ser alguien diferente a quien era en realidad, y manteniendo a Dios prudentemente a distancia. Jacob siempre estuvo alegre de recibir el favor de Dios, si Dios se lo daba (¡como nosotros!), pero no deseaba que Dios lo tomara e interrumpiera sus planes. Esa noche, Dios puso a Jacob en su lugar, sin poder y completamente dependiente de Dios. Con el más ligero toque, Dios lisió a Jacob para toda la vida. Con una palabra, Dios pudo haberlo destruido. En ese momento, Jacob finalmente comprendió que Dios no le debía nada. Él le *pertenecía*. Jacob reconoció su dependencia de Dios. Y cuando Dios le preguntó quién era él, Jacob ya no pretendía ser Esaú ni nadie más. Él confesó quien era. El embaucador. El hombre que tomó atajos. En el vernáculo actual, el hombre que siempre había ignorado la primera base y corrido hacia la tercera. Y aunque Dios no tenía razón alguna para hacerlo, bendijo a Jacob y le dio una nueva identidad.

¿Qué si esa es la intención de Dios con usted y conmigo? ¿Qué si desea que dejemos de pretender ser alguien que no somos? Nosotros no tenemos que controlar nuestra vida. No somos capaces de convertirnos en la persona que Dios creó para ir por nuestro lado. No lo tenemos todo bajo control. No podemos permanecer en nuestros propios planes y ser bendecidos por Dios. No podemos vivir en abundancia a nuestro modo.

La perspectiva de John

Cuando era un líder joven, yo pensaba ser alguien que no era. Debido a que solamente tenía veintidós años e intentaba dirigir a personas de treinta, cuarenta y cincuenta años, pensaba que tenía que tener todas las respuestas. Pensaba que debía parecer realmente inteligente, especialmente cuando estaba predicando. ¿Entonces qué hice? Me avergüenza decir que portaba gafas aunque no las necesitaba. ¡Qué tonto era eso!

Yo sabía que deseaba convertirme en un buen conferencista, convertirme en un comunicador. Pero cuando comencé a hablar, yo era bastante mediocre. Intenté muchas cosas, varias de las que no eran realmente yo. Me tomó ocho años aprender a ser yo mismo en frente de una audiencia. Y fue entonces cuando Dios finalmente pudo comenzar a utilizarme.

Mi amiga, Joyce Meyer, dice: "Dios le ayudará a ser todo lo que pueda ser, todo aquello para lo que fue diseñado originalmente. Pero nunca le permitirá ser exitoso en convertirse en alguien más". ¿Cómo llega a comprender quién deseó Dios que fuera al crearlo? Conéctese con Él y aprenda a depender de Él.

En toda su vida, Jacob había estado a la defensiva. Él había mantenido a Dios a distancia y hecho lo suyo. En su lucha, finalmente se volvió dependiente. Frederick Buechner, en *The Magnificent Defeat* [La magnífica derrota], escribe:

> El poder, el éxito y la felicidad como el mundo los conoce son de quien más arduamente pelea por ellas; pero la paz, el amor y el gozo provienen solamente de Dios. Y Dios es el enemigo con quien Jacob peleó junto al río, desde luego, y con quien, de una manera u otra, todos peleamos —Dios, el amado enemigo—. Nuestro enemigo, porque antes de entregarnos todo, Él nos demanda todo; antes de darnos vida, Él demanda nuestra vida —nuestro ser, nuestra voluntad, nuestro tesoro—.[6]

A Jacob le tomó veinte años confesar quién era ante Dios, y finalmente experimentar un avance. Al entregarse a Dios, descubrió que la bendición que recibió fue para la gloria de Dios, no solo para su beneficio personal.

¿Cuánto tiempo le tomará a usted someterse a Dios? ¿Qué le está deteniendo de declarar su dependencia de Él? Dios no puede bendecir a quien usted desea ser. Él solamente puede bendecir a quien Él creó. Si usted desea una vida abundante debe vivir el propósito de Dios con el poder de Dios. Todo lo demás se queda corto.

¿Cómo vivirá?

No podemos vivir en abundancia sin conocer el propósito de Dios para nuestra vida y recibir su poder para llevarlo a cabo. ¿Es así como usted está viviendo? La mayoría de la gente no lo piensa realmente en esos términos. Solamente viven. Pero cuando se toma en serio, en realidad solamente hay cuatro maneras en que la gente aborda la vida. ¿Cuál de ellas está viviendo usted?

Nuestro propósito, en nuestras fuerzas: la vida vacía

Todo mundo comienza su vida intentando hacer lo suyo con su propio poder. La mayoría del mundo todavía cae en esta categoría. La gente busca algún tipo de propósito dondequiera que pueda encontrarlo y lo persigue como puede. Los seres humanos pueden llevar a cabo mucho en esta situación, y lo han hecho. Pueden obtener riqueza, construir imperios, crear maravillas tecnológicas, buscar relaciones; pero sus acciones finalmente producen una sensación de vacío. El matemático y filósofo Blaise Pascal, observó: "Existe un vacío con la forma de Dios en el corazón de cada hombre, el cual no puede ser llenado por ninguna cosa creada, solamente por Dios, el Creador, conocido a través de Jesús". La mayoría de la gente que es sincera consigo misma admitirá el vacío que siente, aunque muchos no podrán identificar la razón de este.

Se dice que el rey Salomón es uno de los hombres más grandiosos que ha existido. Él lo tenía todo. Se sentó en un trono real. Poseía una riqueza incalculable. Construyó grandiosas ciudades. Tuvo tantas esposas y concubinas como deseó. Poseía una gran sabiduría y se dice que es el hombre más sabio que ha existido. No obstante, en Eclesiastés escribió que todo lo que el humano persigue sin Dios son vanidades insignificantes que llevan al vacío. Solamente una vida que se vive para Dios tiene significado. Él escribió: "En realidad, Dios da sabiduría, conocimientos y alegría a quien es de su agrado".[7]

Nuestra cultura elogia a aquellas personas que viven en sus propios términos. La antigua canción celebra que lo hice a mi manera. No obstante, la realidad es que la gente que vive sin Dios experimenta vacío y dolor al final de su vida. Si no conocemos a Dios, no podemos esperar hacer nada más que seguir nuestro propio propósito, utilizando nuestro propio poder. Es por ello que Dios nos ofrece una salida.

Nuestro propósito con el poder de Dios: la vida insatisfecha

Muchos de quienes se llaman cristianos pasan la mayor parte de su vida siguiendo su propio propósito y esperando que Dios les dé poder para triunfar. Son como Jacob. Tienen un encuentro con Dios (como lo hizo Jacob en Betel, de camino a casa de Labán), pero no cambian significativamente la dirección de su vida en respuesta a ello. Permanecen en sus propios planes y continúan haciendo lo que siempre han hecho, no obstante, le piden a Dios que los bendiga. Eso no funciona.

Si usted se ha acercado a Cristo para obtener salvación, pero piensa que su vida se mantendrá en el mismo curso que antes de conocerlo, sus expectativas están equivocadas. Si se resiste a cambiar sus planes, usted no tendrá la vida abundante que desea. Siempre se sentirá insatisfecho.

Si el Dios al que sigue es manipulable, entonces está siguiendo al dios que usted creó, no al Dios que lo creó a usted. Si alguna vez ha dicho: "No creo en un Dios que _____ [llene el espacio], porque *mi* Dios nunca haría eso", entonces usted ha creado un dios que puede controlar y que existe de acuerdo a sus estándares. En otras palabras, *usted* es en realidad su propio dios.

Si desea llevar a cabo el propósito que Dios tiene para usted, entonces, como Jacob, necesita soltarse del dios que ha creado y asirse del Dios que lo creó a usted. La interacción con el Dios verdadero siempre es peligrosa. Nunca es cómoda, fácil ni segura. Si usted no está siendo corregido, si no está siendo incomodado, si sus creencias, sus hábitos y sus prácticas no están siendo desafiadas con regularidad, entonces no está conectado con Dios y está luchando con Él. Y no tendrá la vida de jonrón que desea.

El propósito de Dios en nuestras fuerzas: la vida frustrada

No todos tienen una personalidad del tipo A y se aferran a su propio plan y esperan que Dios lo bendiga. Algunas personas están dispuestas a entregarse a Dios y dejar que Él los dirija. Sin embargo, parece que muchas de estas personas tampoco tienen una vida de jonrón. Aunque tengan alguna idea de la dirección que Dios desea que tomen, parece que no tienen poder para seguir hasta el final. No llegan a ninguna parte. Su vida es como la de Pablo, descrita en Romanos:

> No entiendo lo que me pasa, pues no hago lo que quiero, sino lo que aborrezco [...] Aunque deseo hacer lo bueno, no soy capaz de hacerlo. De hecho, no hago el bien que quiero, sino el mal que no quiero.[8]

Tener una idea de lo que debemos hacer, pero no tener el poder para llevarlo a cabo, es bastante frustrante. Aquí parece ser donde se encuentran una gran cantidad de creyentes.

El propósito de Dios con el poder de Dios: la vida abundante

¿Y si la única manera de vivir en abundancia, tener una vida de jonrón, es perseguir el propósito que Dios tiene para usted y acceder a su poder para llevarlo a cabo? ¿Y si la manera de hacerlo es ser sincero consigo mismo, depender de Dios, conectarse con Él y *permanecer* conectado con Él?

Eso suena sencillo. Y es sencillo... en teoría. Es fácil de comprender, pero realmente difícil de hacer. De hecho, permanecer conectados con Dios es tan difícil que mucha gente se rinde en el intento de hacerlo y vive sin poder, sin propósito o sin ambos.

Si eso lo describe a usted, no se desanime. Su vida no tiene que ser así. Puede aprender a conectarse con Dios y permanecer conectado con Él para poder continuar en el juego, descubrir su propósito, acceder al poder de Dios y tener una vida de jonrón.

La perspectiva de John

Conocer el propósito de Dios para su vida y conectarse con su poder para llevar a cabo ese propósito es algo que debería esperar que se le revele en el transcurso de su vida, no de una sola vez. Al principio, a veces lo mejor que puede hacer es dirigirse en la *dirección* que Dios le indique y ver cómo se desarrollan las cosas. Es similar a conducir de noche. Los faros de su coche le muestran solo un poco del camino que está por delante. ¿Cómo logra ver más? Continúe conduciendo. Entre más permanezca en el camino de acuerdo con la dirección de Dios, más se le revelará y más comprenderá.

¿Cómo permanecer conectado con Dios?

A la mayoría le parece fácil conectarse con Dios después de aceptar a Cristo, pero les es más difícil conectarse después. ¿Por qué sucede eso? Al principio, Dios realiza todo el trabajo. Comienza con el hecho de que Dios ya ha enviado a su Hijo a morir por nuestros pecados para que podamos tener vida eterna.

Ese es un regalo para nosotros. No lo merecemos y no podemos ganárnoslo. Todo lo que tenemos que hacer es confesar nuestro pecado y aceptar la oferta de Dios de darnos vida a través de la fe. Es muy similar a la manera en que Dios trató a Jacob la primera vez en Betel. Jacob no hace nada para escuchar a Dios. Cuando Jacob duerme, Dios aparece y dice que lo bendecirá y que estará con él. Todo lo que Jacob tiene que hacer es aceptar.

Sin embargo, Dios no necesariamente facilita que nosotros *permanezcamos* conectados con Él. Para hacerlo, tenemos que trabajar por ello, tal como Jacob lo hizo la segunda vez que tuvo un encuentro con Dios. Jacob tuvo que luchar con Dios toda la noche para recibir su bendición. Jacob se asió a la vida, finalmente teniendo una idea acerca de cuán valiosos eran el favor y la bendición de Dios. Él no deseaba perdérselos, y finalmente se dio cuenta de que valía la pena luchar por ellos. Eso es un completo contraste con su respuesta condicional anterior.

Si deseamos una fe más profunda y una vida más abundante, tenemos que luchar por ellas. Dios aclaró que espera que nosotros lo persigamos. Debemos de pedir, buscar y tocar en una oración activa y perseguir a Dios.[9] A menudo no deseamos hacer el esfuerzo. La mayoría de nosotros preferimos ser atrapados por Dios, pero esa es una manera perezosa de abordar la fe. Para crecer debemos perseguir a Dios. Y la buena noticia es que Él promete que se conectará con nosotros si lo hacemos. El libro de Santiago dice que si nos acercamos a Dios, Él se acercará a nosotros.[10]

Dios invita a todos a convertirse en jugadores de grandes ligas en su Reino. Lamentablemente, cuando muchos encuentran muy difícil la hazaña, en cambio se vuelven espectadores. Se alejan del campo de juego y se sientan en las gradas, volviéndose meros admiradores de la fe —o se vuelven críticos—. Si eso le ha sucedido a usted, levántese de su asiento, tome su bate y regrese al juego.

Ganar con Dios: En las ligas de juego

Si usted desea ganar con Dios al conectarse con Él —y continuar conectándose con Él todos los días de su vida—, usted debe estar dispuesto a no solamente trabajar por ello, sino también a reajustar sus expectativas. Para ayudarlo con eso, vayamos a la analogía del béisbol.

¿Cuál es un buen promedio de bateo en el béisbol? Un jugador puede hacerlo profesionalmente en el Béisbol de las Grandes Ligas (MLB, por sus siglas en inglés) al batear consistentemente .250. Eso significa que hace un *hit* cada cuatro lanzamientos. Si puede batear .333 —conectar con la pelota y "embasarse" una de tres veces—, se le considera un gran bateador. Si lo hace durante toda su carrera, probablemente terminará en el Salón de la Fama.

¿Por qué traer esto a colación? Porque en el viaje de la fe, incluso los creyentes más dedicados y consistentes no se *sienten* conectados todo el tiempo. Nuestros primeros encuentros con Dios pueden ser tan abrumadoramente positivos y palpables para nosotros que esperamos que se *sientan* así todo el tiempo. Si no nos *sentimos* emocionalmente abrumados, pensamos que no estamos conectados con Dios. Pero esa no es una expectativa racional. Sería como esperar batear 1.000 en el béisbol profesional. Nunca se ha llevado a cabo.

¿Entonces cómo sabemos si estamos conectándonos con Dios? Nuestra respuesta es la siguiente: ¿*Actualmente* se encuentra trabajando en ello? ¿Ahora se encuentra expresándole su amor a Dios? ¿Está *obedeciéndole* en este momento? ¿Está haciendo su mejor intento *hoy* —en este minuto—? De eso estaba hablando Jesús cuando nos advirtió que permaneciéramos *en la vid* — permanecer conectados continuamente.[11] Pero eso no significa que nos *sentiremos* conectados todo el tiempo. Y tal como una vid, experimentamos veces en que crecemos rápidamente y veces en que crecemos muy lentamente. Tenemos temporadas en que producimos mucho fruto, y tenemos temporadas en que en realidad estamos preparados para producir y nuestro crecimiento puede no ser visible. Como creyentes debemos esperar experimentar altibajos, momentos emocionantes y otros no tanto, vitalidad y fatiga. Lo único sobre lo que tenemos control son nuestras intenciones y nuestro esfuerzo *en este momento*.

Si usted reajusta sus expectativas y comprende que la *intencionalidad diaria* es la clave para conectarse con Dios, entonces lo siguiente que necesita averiguar es *cómo* buscar a Dios intencionalmente. Para hacerlo, regresemos a la analogía del béisbol y pensemos en intentar conectarnos con Dios de acuerdo con uno de los tres "niveles de juego".

Liga amateur: Aprender los principios de Dios y a obedecer

Cuando la mayoría de la gente toma la decisión de aceptar el regalo que Dios nos brinda en Cristo, desean brincar directo al juego. Eso es bueno. Si han sido altamente exitosos en una carrera, ellos esperan brincar al viaje de la fe al mismo nivel que han disfrutado en su carrera. Eso es poco realista. ¿Alguien que nunca ha jugado béisbol espera entrar con los profesionales? Desde luego que no. Piense en esto. Michael Jordan, quien podría decirse que es el mejor jugador de básquetbol de todos los tiempos, se retiró de la NBA para jugar béisbol. Cuando lo hizo, ¿pudo jugar en un equipo de grandes ligas? No. ¿Qué hay acerca de un equipo de la AAA? No. Él nunca pasó de la AA. ¡Y era un atleta de clase mundial!

En el viaje espiritual, todos comienzan en un nivel de aficionado. Todos tienen que comenzar en el nivel más bajo y trabajar para subir a las grandes ligas de juego. Y no hay paseos ni pases gratuitos. Pero no podemos dejar que eso nos desanime de entrar en el juego.

Si usted tiene poca experiencia con Dios y el viaje espiritual, necesita comenzar conociendo a Dios: su carácter, su forma de pensar, cómo interactúa con la gente. Usted crece conforme obedece y sigue lo que Dios revela como su verdad. ¿Cómo lo hace? Primordialmente leyendo la Biblia, las palabras de Dios para nosotros. Cuando usted se encuentra en la primera fase de su viaje espiritual —como amateur— posiblemente desee pasar 60% de su tiempo de conexión con Dios leyendo la Biblia, y 40% hablando con Dios en oración. Y permanecer conectado con su iglesia. Es probable que tenga un entrenamiento básico en la Biblia y la oración que le pueda ayudar a comenzar.

Para hablar con franqueza, aquí es donde sucede la crisis para la mayoría de los creyentes. No conocen la Biblia. No conocen las historias de la interacción de Dios con los seres humanos. No conocen la naturaleza de Dios ni su carácter. No conocen los principios enmarcados en las Escrituras que revelan el plan de juego de Dios para la vida y que proporcionan sabiduría para vivir una vida abundante.

Si usted no tiene mucha experiencia en leer la Biblia, impóngase alguna clase de plan en el que lea la Escritura todos los días. Si pensar abordar toda la Biblia le parece intimidante, comience leyendo Génesis, Éxodo, Lucas y Hechos. Esos libros contienen muchas de las historias principales de los antiguos hebreos, la vida de Cristo y el comienzo de la Iglesia. Una vez que haya leído esos cuatro libros, lea el Nuevo Testamento completo. Si no está familiarizado con la manera de beneficiarse de la lectura, lea uno o dos capítulos y plantee las siguientes preguntas:

- **¿Qué leí?** ¿Cuál es la historia? ¿Quiénes son las personas involucradas? ¿Qué eventos sucedieron?

- **¿Qué puedo aprender de la naturaleza de Dios?** ¿Qué me enseña el pasaje acerca de la naturaleza de Dios? ¿Cómo es Dios? ¿Cuál es su carácter?

- **¿Qué puedo aprender acerca de la naturaleza humana?** ¿Qué revela el pasaje acerca de la gente? ¿En qué forma soy como las personas del pasaje?

- **¿Qué necesito hacer para obedecer?** ¿Qué valor o verdad me ha sido revelado? ¿Hay algo que deba dejar de hacer o comenzar a hacer?

La perspectiva de John

Hace varios años, Kevin realizó una serie de sermones llamada "De Génesis a Apocalipsis", ofreciendo un resumen de toda la Biblia, la cual ha sido útil para miles de personas. La serie pone en perspectiva los principales acontecimientos de la Biblia. Usted puede escucharla gratuitamente en iTunes o en el sitio web de 12Stone. Le ayudará a mejorar su juego en este nivel.

A la vez, comience a orar con regularidad. Es posible que desee utilizar el conocido modelo ACTS, por sus siglas en inglés. Es sencillo pero efectivo. Divida su oración en cuatro partes.

Adoración.— Reflexione acerca de una faceta del carácter de Dios y exprese su amor y adoración por quien es Él.

Confesión.— Admita que usted ha pecado desde la última vez que oró y pida el perdón de Dios.

Gratitud.— Reflexione sobre lo bueno de la vida y déle gracias a Dios por lo que Él está haciendo. La gratitud nos mantiene en la vid, ya que prestamos atención a la bondad de Dios.

Cosas.— Pídale a Dios que le proporcione lo que necesite en cada aspecto de la vida: su empleo, su matrimonio, su paternidad, sus finanzas, entre otras cosas. Nuestro Padre celestial desea que nos acerquemos a Él con nuestras esperanzas y

sueños, pidiéndole que realice algo grande en
nuestra vida.

Es bastante fácil y directo. Un amigo mío comenzó a usar
el modelo ACTS en una versión llamada "Ocho minutos con
Dios", en la que pasaba dos minutos en cada aspecto de oración.
Cuando comenzó a utilizarlo, dos minutos parecían *demasiado*
tiempo. Ahora no puede imaginarse orar solo ocho minutos.

Leer la Escritura y orar durante la fase *amateur* del viaje
es como tomar una práctica de bateo. En el béisbol, usted está
aprendiendo cómo balancear el bate y conectar con la pelota.
En el viaje espiritual, usted está aprendiendo a comunicarse y
conectarse con Dios. Tal como balancear el bate por primera
vez, eso se siente torpe y forzado. Usted tiene que aprender los
fundamentos, de otra manera nunca será candidato para avanzar
a ligas mayores.

La otra parte clave de esta primera fase de conectarse con
Dios es obedecerle. Jesús dijo: "El que me ama, obedecerá mi
palabra, y mi Padre lo amará, y haremos nuestra vivienda en él.
El que no me ama, no obedece mis palabras. Pero estas palabras
que ustedes oyen no son mías sino del Padre, que me envió".[12]
A medida que aprendemos más acerca de Dios, descubrimos
más de lo que tenemos que cambiar en nosotros mismos. Entre
más de los cambios y correcciones que Dios desea que hagamos
hacemos, más cerca podremos estar de Él. Entre más dependientes de Dios nos demos cuenta de que somos, más se nos
revelará.

No hay muchas fanfarrias por trabajar duro en el nivel de liga
amateur. Y la parte más difícil es estar dispuestos a cambiar.
Como seres humanos, tenemos una desagradable tendencia a
excusar nuestro propio pecado, creyendo que Dios comprende
nuestras "circunstancias especiales". Pero la verdad es que el
pecado es pecado. Si usted está teniendo sexo fuera del matrimonio o tomando algo que no le pertenece o difamando a otra
persona, sus dificultades no lo excusarán.

Cuando aprenda uno de los principios y comience a darse cuenta de que lo está violando, no intente suprimir la convicción que sienta. *¡Préstele atención!* Dios se está conectando con usted, por lo tanto, no lo corte. Comprenda que si se somete a Dios, Él tiene más para usted. Él desea que usted tenga una vida abundante, y hay muchas cosas que Dios no puede bendecir. Él no puede bendecir el pecado.

Vivir en pecado y pedirle a Dios que lo bendiga es como conducir del lado incorrecto del camino y pedirle a Dios que lo proteja. En algún momento, usted sufrirá una colisión que traerá pérdida, dolor y pena para usted y para los demás. La única respuesta apropiada cuando se da cuenta de que está en el lado incorrecto es cambiar y hacer las cosas a la manera de Dios. Pida su perdón y su favor, y dependa de Él a medida que realice ajustes a su vida. Completar la hazaña puede poner su vida de cabeza. Puede ser muy incómodo. Puede ser aterrador. Pero usted no puede mejorar su vida sin cambiarla.

Cuando salga de estos lugares siniestros y difíciles, intente recordar que Dios puede tomar lo que otros planean para mal y tornarlo en bien, como lo hizo con las acciones de los hermanos de José. Romanos 8:28 dice: "Ahora bien, sabemos que Dios dispone todas las cosas para el bien de quienes lo aman, los que han sido llamados de acuerdo con su propósito". Esto lo incluye a usted. Así como todo ayudó a bien en la vida de José, todo puede obrar para bien en la suya. Posiblemente tome años, pero si usted se somete a Dios, él llevará a cabo su propósito, y será bueno.

Las ligas menores: Ceder a los estímulos de Dios

Si usted es seguidor de Jesús, no está solo en la vida. Dios está *en* usted. Usted tiene el poder del Espíritu Santo, porque está "en la vid".[13] A medida que ora y lee la Biblia, usted se está involucrando activamente en el Reino de Dios en la Tierra. Debido a ello, usted experimentará estímulos del Espíritu Santo, no solamente cuando ore, sino en su vida cotidiana. Mi amigo, Sam Chand, los llama "pellizcos" de Dios. Como quiera que lo llame, usted necesita reconocer que es un momento de consciencia sobrenatural cuando Dios le está pidiendo que diga o haga algo que tiene valor para el Reino.

Yo he experimentado algunos de esos impulsos del Espíritu Santo en el trabajo, mientras conduzco, durante conversaciones, mientras disfruto de un pasatiempo y durante un servicio de la iglesia. Son un buen recordatorio de que todo puede ser sagrado. Efesios 2:10 afirma: "Porque somos hechura de Dios, creados en Cristo Jesús para buenas obras, las cuales Dios dispuso de antemano a fin de que las pongamos en práctica". La vida no carece de significado. Dios tiene trabajo para que lo llevemos a cabo —el cual planeó para nosotros de antemano—, si solo estamos dispuestos a conectarnos con Él, a depender de Él y a permitirle darnos poder para hacerlo.

Estos estímulos han desafiado mi carácter en el tráfico cuando he sentido que debo desacelerar, no estar tan ensimismado, y dejar que un conductor se me adelante. Me han animado en mi matrimonio cuando me he dado cuenta de que debo disculparme, contener mi lengua o levantarme para servir a mi esposa. Algunos estímulos me han llevado a realizar un simple acto de bondad hacia otra persona. Por ejemplo, una vez, estando en un restaurante de cortes de carne, mi hijo y yo estábamos disfrutando una celebración de medianoche luego de un concierto de su banda. Nuestra mesera era una joven vibrante de veintitantos años. En el curso de nuestra cena, nos dimos cuenta de que ella estaba cansada de pasar toda la mañana asistiendo a clases en el centro de estudios superiores, toda la tarde atendiendo a su hijo de diecisiete meses (ella era mamá soltera), y toda la noche trabajando en el último turno hasta media noche. Incluso bajo tales circunstancias, ella servía con una sonrisa y estaba enfocada en los clientes.

A medida que nos preparábamos para marcharnos, sentí un impulso: dejar una buena propina. Años antes, Dios me había llevado a guardar un billete de veinte dólares y más tarde un billete de cien dólares en mi cartera, para que estuviera listo cuando Él me indicara. Pagamos la cuenta, colocamos el billete de cien dólares en la mesa y nos fuimos. Por la ventana, a medida que nos dirigíamos a nuestro coche, la vimos parada en la mesa, impactarse, correr hacia la caja registradora (posiblemente para revisar si era un error) y luego quebrantarse cuando descubrió que solo era para bendecirla.

Nos subimos al coche y mi hijo me dijo: "¡Eso fue genial!". Y lo fue, porque nosotros somos los jugadores de Dios para ser una fuerza para Él y para el bien del mundo que nos rodea. Una de las maneras más poderosas en que Dios les prueba su presencia y su amor a los demás es a través de nosotros. Ser sensibles a los impulsos de Dios, junto con la oración y el aprendizaje de la Escritura, es una manera de ir a la siguiente liga en nuestro caminar con Dios.

Nosotros hemos alentado esto en nuestra congregación y hemos escuchado miles de historias de impulsos de Dios y de momentos divinos para el bien de los demás. Una miembro de 12Stone condujo hacia un restaurante Chick-fil-A y le compró una comida a la persona del coche que iba detrás de ella. El gasto resultó ser un emparedado y agua. Eso no le costó mucho. La semana siguiente repitió el acto. "Me gustaría pagar la comida de la persona del coche que viene detrás de mí —dijo ella—. Aquí está mi tarjeta, solo deslícela". Cuando le dieron la cuenta, resultó ser de $56 dólares. Ella se asombró, porque eran 50 dólares que ella no tenía. Pero al siguiente día recibió un cheque en el correo de parte del consultorio médico, diciendo que había pagado de más. En total fueron $50 dólares. No estoy diciendo que usted recibirá cheques cuando dé, pero eso definitivamente animó a esta miembro de 12Stone a prestarle atención a los impulsos de Dios.

Otra de las cosas positivas que sucede en el nivel de ligas menores es que comenzamos a aprender más acerca de nuestro propósito. Cuando muchos cristianos comienzan su viaje de fe con Dios, comprenden por primera vez que la vida puede tener propósito y profundo significado. Pero luego esperan a menudo que Dios les proporcione todo el panorama para su vida en una cucharada al comienzo de su viaje. Normalmente Dios no hace eso. Ni siquiera José sabía qué significaba su visión a los diecisiete años.

Si Dios desea que usted sepa algunas cosas temprano acerca de su voluntad para usted, como lo hizo conmigo en mi llamado al ministerio a los dieciséis años, entonces Él se lo hará saber. Mientras tanto, usted puede comenzar persiguiendo el propósito universal que Él tiene para todo aquel que lo llame "Señor". Jesús lo expresó cuando preguntó acerca del más grande mandamiento:

> Ama al Señor tu Dios con todo tu corazón, con todo tu ser y con toda tu mente —le respondió Jesús—. Éste es el primero y el más importante de los mandamientos. El segundo se parece a éste: "Ama a tu prójimo como a ti mismo". De estos dos mandamientos dependen toda la ley y los profetas.[14]

Esa fue la síntesis que Jesús hizo de todo el Antiguo Testamento. Añádale el mandamiento que les dio a sus discípulos antes de ascender al cielo. Este encapsula el propósito del Nuevo Testamento:

> Se me ha dado toda autoridad en el cielo y en la tierra. Por tanto, vayan y hagan discípulos de todas las naciones, bautizándolos en el nombre del Padre y del Hijo y del Espíritu Santo, enseñándoles a obedecer todo lo que les he mandado a ustedes. Y les aseguro que estaré con ustedes siempre, hasta el fin del mundo.[15]

Al utilizar estos dos criterios, cualquier cristiano puede partir en la dirección correcta. Siga este propósito universal y creo que con el tiempo, Dios desarrollará su propósito único, posiblemente a medida que entre en el siguiente nivel de juego.

Grandes ligas: apoyarse en el favor de Dios

Entre más dependemos de Dios y le servimos, más llegamos a comprender cómo Dios nos hizo y lo que nos está pidiendo que hagamos. Pero eso no es lo que distingue primordialmente a los jugadores de grandes ligas de los de ligas menores en el viaje de la fe. Lo que los separa es el favor de Dios.

Esto se me esclareció durante un par de momentos importantes con John Maxwell. El primero sucedió cuando él me permitió seguirlo a donde él les hablaría a miles de personas. Antes de subir al estrado, entró a un cuarto donde un grupo de personas a quienes nunca había conocido lo estaban esperando. Ellos le imponían manos y oraban por él. Lo que me asombró en ese momento fue la humildad y la dependencia que John mostraba. Él estaba abierto y receptivo, y yo no percibí ni un poco de inseguridad.

De camino al estrado, luego de la oración, le pregunté a John: "¿De qué se trató ese momento para ti?".

"Kevin —respondió John—, eso es lo que hace posible que me pare en un escenario y vea vidas cambiadas. El favor ungido de Dios hace toda la diferencia".

Esa conversación me ayudó a reconocer algo que resonó en mi alma. Vi que una vida de perseguir a Dios puede producir la bendición del favor de Dios.

El otro momento importante con John sucedió durante una sesión de instrucción. Durante este almuerzo en particular, mi lista de preguntas era larga. Yo estaba reconociendo cada vez más el valor del liderazgo, pero estaba sintiendo que el valor del favor de Dios era el multiplicador intangible en la vida de un líder. De manera que le pregunté a John: "¿Cómo sabes que Dios se manifestará?".

John me lanzó una mirada vacía. Parecía estar perplejo por mi pregunta. "Nunca se me ha ocurrido que Dios no se manifieste".

¡Ahora yo era el perplejo! A medida que hablamos, me di cuenta de que la promesa de que Dios estaría con él no era un tópico para John. Era una forma de vida, tan normal como respirar.

Esto me ayudó a comprender mejor lo que significa permanecer en la vid. Jesús dijo: "Yo soy la vid y ustedes son las ramas. El que permanece en mí, como yo en él, dará mucho fruto; separados de mí no pueden ustedes hacer nada".[16] Si yo podía perseguir a Dios como un estilo de vida, depender de Él y apoyarme en su favor, nunca tendría que preguntarme si Dios estaría conmigo. Me podría apoyar en el hecho de que Él nunca me dejará ni me abandonará; lo cual era difícil de aprender para alguien con problemas de confianza como yo, los cuales eran consecuencia de mi pasado por el abandono de mi papá en la adolescencia.

Comencé a apoyarme en esta verdad y cambió mi manera de vivir. Lo mismo le puede suceder a usted. Una vez que haya experimentado el favor de Dios, nunca deseará regresar a la ligas infantiles de la fe o a las ligas menores de la vida. Usted perseguirá a Dios y se apoyará en su favor, porque no hay nada parecido a ello. Con su favor, Dios hace por usted lo que usted nunca podría hacer por sí mismo. Eso fue lo que distinguió a José. Él no podría haber pasado de la cisterna al palacio sin el favor. Eso fue lo que hizo posible el cambio de rumbo de 12Stone. Es por lo que John Maxwell aceptó ser mentor de alguien con un trasfondo roto como yo. No hay nada como el favor de Dios.

Josué 23:10 proporciona mi imagen favorita del favor de Dios. Dice: "Uno solo de ustedes hace huir a mil enemigos, porque el Señor pelea por ustedes, tal como lo ha prometido". ¿Cómo es que un solo guerrero con una espada persigue a mil enemigos armados? ¡Porque Dios pelea por él!

Yo deseo que Dios pelee por mí en mis batallas de carácter. Deseo que Dios pelee por mi matrimonio, mis hijos, mis relaciones en la vida. Deseo que Dios pelee por mi carrera y mis finanzas. Deseo que Dios pelee por mí contra los principados, potestades, gobernadores de las tinieblas y huestes espirituales de maldad de los que habla Pablo en Efesios 6:12. Si el Señor pelea estas batallas utilizando su favor, yo tengo la oportunidad de tener una vida de jonrón. Sin el favor de Dios estoy en problemas.

A medida que crecemos y maduramos en la fe, y aprendemos a apoyarnos en el favor de Dios, este puede volverse tan tangible para nosotros como el éxito en los negocios o como el amor y el gozo en el matrimonio. Puede traernos una paz práctica en el interior que nos dé poder para soportar cualquier circunstancia. Podemos ver que el antiguo himno que crecí cantando es realmente cierto:

> *¿Vives débil y cargado,*
> *de temor y tentación?*
>
> *A Jesús, tu amigo eterno,*
> *cuenta todo en oración.*[17]

¿Qué si no aprendemos esta lección? ¿Qué si no avanzamos a un nivel mayor de dependencia y conexión con Dios? Jesús dijo: "Separados de mí no pueden ustedes hacer *nada*".[18] ¿Qué quiso decir con "nada"? Porque obviamente podemos hacer algo. Muchas personas pueden llevar a cabo mucho mientras ignoran a Dios y viven lejos de Él. Creo que Él quiso decir que no podemos hacer nada que *perdure*, nada que compruebe ser *satisfactorio* o *digno* de invertir nuestra vida en ello. Si dedicamos nuestra vida a cosas que no tienen valor eterno y existimos para nuestro yo, entonces nuestros esfuerzos demostrarán no valer nada. Al final, todo lo temporal se quemará. Solamente Dios puede tornar nuestra vida en algo con verdadero significado, lo cual quiere decir que su impacto dura más allá del mero mundo físico. Él lo hace posible a través del poder del Espíritu Santo para que nosotros seamos parte de su Reino.

La perspectiva de John

Yo no creo que sería una exageración decir que todo lo bueno que me ha sucedido en la vida ha sido el resultado de la oración. Comenzó con la cobertura de mis padres. Mi madre oró por la gracia y la misericordia de Dios sobre mí desde que nací. Yo encontré dirección temprana en la escuela bíblica, mientras me preparaba para el ministerio, ya que pasaba una hora con Dios en el almuerzo todos los días. Y no puedo expresar adecuadamente mi gratitud por todos mis compañeros de oración a través de los años. Mientras estaba en la Skyline Church de San Diego, más de cien personas estaban orando por mí diariamente, y mi amigo, Bill Klassen, intercedía por mí todos los días.

John Wesley, posiblemente el líder más grande de fe desde el apóstol Pablo, dijo: "Dios no hace nada más que en respuesta a la oración". En toda mi vida, cada vez que me he mudado, he encontrado un nuevo lugar donde pasar tiempo a solas con Dios, pidiéndole su perdón, buscando su dirección, solicitando su bendición y protección sobre mi asombrosa familia. Dios ha sido muy bueno y me ha dado su favor.

Confíe en Dios. Punto.

Si desea conectarse con Dios, usted debe aprender a confiar en Él. Cuando confíe en Él, usted llegará a aprender más de Él. Alguien a quien he visto hacerlo es E. J., mi amigo Ernie Johnson Jr. Él llegó a 12Stone Church a finales de la década de 1990 y lo he visto progresar de ser un buscador de la verdad no decidido a un nuevo cristiano, a un creyente de la liga amateur, a un jugador de ligas menores, a un jugador de grandes ligas.

El nombre de Ernie puede sonarle conocido. Él es un locutor de deportes que ha cubierto las Grandes Ligas de béisbol y la NBA, además de enfrentarse verbalmente con frecuencia con el jugador retirado de la NBA, Charles Barkley. Casi tan pronto como E. J. vino a la fe y comenzó a aprender los principios y los valores de Dios, sintió el impulso de parte de Dios para disculparse con una colega de la televisión, una productora a quien había ofendido verbalmente anteriormente en su carrera. Hay que decir en su favor que E. J. no resistió a Dios. Tan pronto como sintió la convicción, le llamó a la productora, le dijo acerca de su conversión y se disculpó con ella.

Años más tarde, cuando E. J. estaba avanzando a las ligas menores de la fe, vi cuando lidió con la tristeza del deterioro de la salud de su hijo, Michael, quien padecía distrofia muscular, al punto en que Michael quedó confinado a una silla de ruedas. La fe de E. J. y su dependencia de Dios solo se fortaleció. Luego, a mediados de la primera década de 2000, se enfermó de cáncer: linfoma folicular no Hodgkins. Su fuerte fe y dependencia de Dios se profundizó. En un Starbucks, mientras hablábamos, supe cuán profundas eran. "P. K. —dijo él, utilizando la abreviación de 'pastor Kevin'— esto es lo que Dios me está enseñando — escribía en una servilleta mientras hablaba—. Todo lo que desea de mí es que confíe en Él. No que confíe en Él con un espacio a llenar". Y escribió: *Confiarle* _____. "Él no desea que le confíe algo que yo escriba en el espacio y esencialmente le diga cómo manejar mi vida.

"Él no desea que confíe en Él luego de que haga lo que yo desee", E. J. continuó. Así fue como Jacob intentó lidiar con Dios al principio. "Esto es lo que Él desea". Garabateó estas palabras en una servilleta: CONFIAR EN DIOS, y dijo mientras lo escribía: "Confiar en Dios y punto".

Qué asombroso, pensé. *Este es el hombre que hace años le dijo "sí" a Jesús por primera vez, acompañado de una ensalada de pollo asado en O'Charley's. Y ahora está atravesando por el cáncer y me está enseñando a mí.*

La fe de E. J. es de grandes ligas. Hasta la fecha, si usted recibe una nota de E. J., viene firmada: "Confíe en Dios, punto". Y él continúa confiando en Dios. En 2010, su esposa, Cheryl, sintió el impulso de adoptar a dos niños más (ellos ya tenían cuatro hijos, dos de los cuales eran adoptados). Ese fue otro enorme compromiso, aunque no demasiado grande para personas como Ernie y Cheryl, quienes permanecen en dependencia de Dios, están conectados con Él y siempre están listos y dispuestos para seguir sus órdenes. Ellos se encuentran en el propósito de Dios por el poder de Dios.

¿Qué hay de usted? ¿Ha comprendido lo que significa "a cargo", mas no "en control"? ¿Está "en la vid" y conectado con el Dios que lo creó? ¿Está entrando en el propósito de Dios por el poder de Dios? ¿Está apoyándose en su favor? Usted puede hacerlo. Y eso cambiará todo en su vida, comenzando con ayudarle a ganar en el interior, lo cual es el tema del capítulo siguiente.

La guía de aplicación de John

Preguntas para discusión

1. ¿Con cuál de los dos hermanos, Jacob o Esaú, se identifica más fácilmente? ¿Es usted alguien que intenta hacer que sucedan las cosas? ¿O tiende a esperar a que sucedan las cosas y luego reacciona a ellas?

2. ¿Por qué piensa que Dios eligiera luchar con Jacob? ¿Puede pensar en alguna vez en su vida en la que sintió como si estuviera luchando con Dios? Descríbalo. ¿Cuánto tiempo duró? ¿Cuál fue el resultado?

3. ¿En qué liga espiritual cree estar jugando actualmente: amateur, menor o mayor? ¿Por qué? ¿Cuál es el asunto clave con el que necesita lidiar para avanzar? ¿Está dispuesto a dar el siguiente paso? ¿De qué forma pueden ayudarle los demás?

4. ¿Ha experimentado el favor de Dios alguna vez? Explique. ¿Qué impacto tuvo en usted? ¿Cómo ha cambiado su manera de vivir día a día? Si no, ¿cómo piensa que sería tener el favor de Dios para usted personalmente? ¿Qué está preparado a realizar para avanzar a las grandes ligas de la fe?

5. Si le pidieran describir su promedio de bateo espiritual, en donde 1.000 significa que se siente conectado con Dios 100% del tiempo, y .000 significa que nunca se ha sentido conectado con Dios, ¿qué número cree que lo describiría? Explique.

6. ¿Qué describe mejor la forma en que ha estado abordando la vida hasta este momento?

A. Intenta llevar a cabo su propósito en sus fuerzas.

B. Intenta llevar a cabo su propósito con el poder de Dios.

C. Intenta llevar a cabo el propósito de Dios en sus fuerzas.

D. Intenta llevar a cabo el propósito de Dios con el poder de Dios.

¿Qué cree que se requerirá para encarrilarlo más para confiar en Dios y punto, y entrar completamente en su plan?

Tarea

Lleve su conexión con Dios a nuevas alturas al hacer una de las siguientes cosas:

A. Si todavía no ha leído la Biblia completa, comience un plan de lectura. Elija una de las sugerencias mencionadas en el capítulo:

- Lea Génesis, Éxodo, Lucas y Hechos en los siguientes cuatro meses.
- Lea el Nuevo Testamento en seis meses.
- Lea la Biblia en un año.

B. Kevin realizó una serie en 12Stone, llamada "Los días de Daniel". Utilizando a Daniel del Antiguo Testamento como inspiración, deténgase para orar tres veces al día durante quince minutos. Hágalo todos los días durante un mes. Entreteja el tiempo con Dios en su vida al buscarlo en un horario regular planificado. Asegúrese de anotar algo de su tiempo de oración para llevar un historial.

C. Aparte una hora a la semana para luchar con Dios. Aléjese de su casa o de su trabajo, para estar solo y simplemente pase tiempo interactuando con Dios. Cuando vivía en Ohio, encontré una roca particular en la que me gustaba sentarme mientras oraba. Encuentre un lugar que le funcione. Luego comprométase a hacer este escape semanal con Dios durante un período específico de tiempo: un mes, seis meses, un año. Equilibre su tiempo entre la lectura de la Escritura y la oración basado en la "liga" en que se encuentre actualmente. Asegúrese de registrar sus oraciones y observaciones cada vez que se encuentre con Dios para luchar con Él.

6

Primera base: Cómo ganar en el interior

¿Qué sucede la mayor parte del tiempo en un juego de béisbol profesional cuando un jugador toma el bate? La respuesta es que no logra llegar a primera base a salvo. Ted Williams, considerado por muchos como el bateador más grande de todos los tiempos, tuvo un extraordinario porcentaje de "enbase" de .4817. Ese es un número grande en béisbol. Pero también significa que no logró alcanzar la primera base la mitad del tiempo que pisó el cajón del bateador.

CARÁCTER
La base personal

Cuando nos enfocamos en el viaje espiritual, las mayores crisis normalmente ocurren de camino a primera base. La gente fracasa porque no gana sobre los problemas de carácter. Como resultado, sus relaciones se rompen y sus carreras estallan en llamas. Recuerde que nunca podemos ganar puntos en la vida de acuerdo con el plan de Dios, a menos que primero lleguemos a primera base.

¿Qué hace estallar nuestra vida?

Yo veo muchas películas. Me fascinan por el factor entretenimiento, pero también veo en ellas verdades espirituales con frecuencia. Una lección importante puede encontrarse en la película *Iron Man,* de 2008. Es la historia de Tony Stark, un inventor calavera que hereda la fortuna de su padre y su interés en la industria de fabricación de armas. Aunque Tony es un genio para crear armas, también es una imagen de autocomplacencia e irresponsabilidad. Decir que es alguien que ha descuidado la primera base es un eufemismo. Pero su despreocupación por desarrollar su carácter lo alcanza, y como sucede con todos nosotros, sus acciones tienen consecuencias.

En una escena crucial de la película, el vehículo militar que Tony está conduciendo en algún lugar de Afganistán es atacado por los terroristas, y el convoy es destruido. Tony corre por su vida, solamente para enfrentarse cara a cara con una bomba que ha sido lanzada por el enemigo. Para su asombro, la bomba tiene el nombre y el logotipo de su compañía. Cuando explota, Tony es herido casi fatalmente.

¿Qué tiene que ver esto con el carácter y la primera base? El mensaje es dolorosamente claro. Nosotros somos como Tony Stark: ¡aquello que hace estallar nuestra vida normalmente lleva nuestro nombre! Los problemas que experimentamos, a menudo nosotros los creamos. Y como Tony, con frecuencia nos sorprendemos cuando explotan en nuestra cara y arruinan nuestra vida.

¿Eso le ha sucedido a usted? ¿Se sorprende con los estallidos de su vida? ¿O tiene ojos para ver su propio papel en crear muchos de ellos? ¿Tiene la valentía de confesar la manera en que contribuye con las consecuencias que experimenta? De ser así, probablemente comprenda la conexión entre las consecuencias y los defectos de carácter. Una vez que entiende cómo usted mismo hace estallar sus propios sueños, tiene buenas razones para querer ganar la primera base del carácter.

Ahora bien, yo no soy un libertino millonario, y es posible que usted tampoco lo sea. De manera que si no se relaciona con Tony Stark, aquí hay una imagen que puede sonarle familiar. Los problemas de carácter son como socavones. Los socavones son fisuras o abismos escondidos debajo de la superficie del suelo que se colapsan, dejando un hoyo abierto en el suelo. He leído que Florida está llena de ellos. El agua erosiona la piedra caliza subterránea y deja orificios vacíos. Cuando el suelo que está encima cede, se crea un hoyo. Algunos son pequeños. Pero otros son suficientemente grandes para tragarse un coche, una casa o, de acuerdo con un artículo del diario *The Wall Street Journal,* ¡toda una concesionaria automotriz! Lo asombroso es que antes de que se abra el socavón, nadie tiene idea de que haya un problema ahí. Un minuto está usted en su casa y todo es normal. Al minuto siguiente, el suelo se colapsa y su casa es destruida.[1]

Las personas que no se ocupan de sus problemas de carácter son como casas construidas sobre socavones. Pueden lucir genial. Pueden parecer estar sólidas, no solo para el observador ocasional, sino también para los residentes de la casa. Pero tan pronto como viene la presión, debido a que el cimiento es débil, aparecen las grietas y un completo desastre puede estar a segundos de suceder.

El buen carácter crea un cimiento invisible en la vida de la persona sobre el cual las relaciones, la carrera y el propósito pueden ser construidos. Con un fuerte cimiento de carácter, usted puede soportar las tormentas y presiones de la vida. Sin él, usted implosiona y es tragado al igual que una casa sobre un socavón.

La perspectiva de John

Demasiadas personas en la actualidad se preocupan más por cómo los ven los demás que por quienes son en realidad. Esa es una receta para el desastre. Mi mentor, el antiguo entrenador principal de básquetbol de la UCLA, John Wooden, me aconsejó: "Preocúpate más por tu carácter que por tu reputación, porque tu carácter es quién eres de verdad, mientras que tu reputación es meramente lo que otros piensan que eres".

Siempre recuerde que el carácter es una elección. Usted puede formarlo cada día con sus elecciones, especialmente aquellas que hace cuando nadie está mirando. Las buenas elecciones que usted hace no son fáciles, pero siempre valen la pena a largo plazo.

Una promesa espectacular, una implosión espectacular

Una de las muchas cosas fantásticas de la Biblia es que no solo proporciona historias de grandes hombres y mujeres de fe que triunfaron por el poder de Dios, sino también cuenta historias llanas de personas que resbalaron, que no estuvieron a la altura y que fracasaron por completo.

Uno de los ejemplos más sorprendentes de la implosión de carácter de toda la Escritura es Sansón, del libro de Jueces. Incluso antes de que naciera, se suponía que Sansón debía tener una relación especial con Dios. Jueces 13 relata cómo un ángel del Señor le apareció a la madre de Sansón, diciéndole:

> Eres estéril y no tienes hijos, pero vas a concebir y tendrás un hijo [...] porque el niño va a ser nazareo, consagrado a Dios desde antes de nacer. Él comenzará a librar a Israel del poder de los filisteos.[2]

Fiel a la palabra de Dios, ella concibió y dio a luz a un hijo. La Escritura dice: "El niño creció y el Señor lo bendijo. Y el Espíritu del Señor comenzó a manifestarse en él...".[3]

Lamentablemente, cuando Sansón creció, su cuerpo era fuerte, pero su carácter era débil. Cuando el Espíritu del Señor estaba en él, Sansón mostraba una fuerza increíble. Él podía despedazar a un leoncillo con sus manos. Fue eficaz para pelear con los filisteos. Pero su carácter lo debilitaba continuamente, y aunque estaba llamado a dirigir al pueblo de Israel y liberarlo de los filisteos, continuaba quedándose corto.

Los defectos del carácter de Sansón son evidentes en la historia de su matrimonio con una mujer filistea. El pueblo de Israel había recibido la orden en Deuteronomio de no casarse con la gente de la Tierra Prometida luego de que se asentaran ahí.[4] Josué reiteró esa amonestación, advirtiéndoles a los hebreos, diciendo:

> Porque si ustedes le dan la espalda a Dios y se unen a las naciones que aún quedan entre ustedes, mezclándose y formando matrimonios con ellas, tengan por cierto que el Señor su Dios no expulsará de entre ustedes a esas naciones. Por el contrario, ellas serán como red y trampa contra ustedes, como látigos en sus espaldas y espinas en sus ojos, hasta que ustedes desaparezcan de esta buena tierra que el Señor su Dios les ha entregado.[5]

Este podría haber sido un mensaje escrito directamente para Sansón, no obstante, él lo habría ignorado. Sansón les dijo a sus padres: "He visto en Timnat a una joven filistea; pídanla para que sea mi esposa". Cuando se resistieron a su petición, respondió como un niño malcriado: "¡Pídeme a ésa, que es la que a mí me gusta!".[6]

Al final, la mujer filistea, Dalila, y sus compatriotas se volvieron una trampa para Sansón. Ellos le sacaron los ojos y sin duda debieron haberlo azotado cuando lo llevaron a prisión para que moliese grano.

Apartado

¿Dónde comenzaron los problemas de Sansón? Cruzó líneas que no debió haber cruzado, y entre más lo hacía, más normales le parecían las violaciones de carácter. En una nación que estaba apartada para Dios y que necesitaba ser santa, a Sansón se le ordenó vivir en un estándar todavía más alto. Dios esbozó las líneas que Sansón nunca debió cruzar, las de los nazareos, a quienes se les dice:

> No comerá ningún producto de la vid.
>
> No se cortará el cabello.
>
> No podrá acercarse a ningún cadáver.[7]

Tal parecía que a Sansón no le pareció importante cruzar aquellas líneas. Una vez comió miel del cuerpo de un león muerto, una clara violación a la amonestación que Dios le había hecho de no acercarse a un cuerpo muerto. Y luego compartió la miel con sus padres. Como no sintió las consecuencias inmediatas de sus acciones, probablemente creyó que no vendría ninguna.

Así es como funciona la erosión del carácter. Es como la erosión de la piedra caliza. Posiblemente no la vea al principio. Tal vez no sepa cuán mal están las cosas hasta que es demasiado tarde y hay un colapso. Y aunque *sí* tengamos idea de que se avecina un problema, si estamos triunfando en un aspecto de la vida, nos damos permiso de descuidar otro. Obtenemos el ascenso que tanto deseamos al trabajar ochenta horas a la semana, y nos excusamos por no adorar a Dios en el día de reposo o por ignorar a nuestra familia, o por saltarnos el tiempo de oración y de reflexión en la Palabra de Dios. Pensamos: *Es solamente durante una temporada. Lo compensaré más adelante.* Pero muy a menudo sucede que una temporada se vuelve un estilo de vida.

Posiblemente así fue como pensó Sansón: *Las reglas nazareas no son tan importantes como lo principal.* Para él, lo principal era su fuerza. Después de todo, él era el hombre más fuerte del mundo en ese tiempo, cuando la fuerza física definía el dominio. ¡Mató a mil hombres con una quijada de burro![8] Estaba haciendo cosas grandes. De manera que probablemente no le pareció gran cosa cuando comió la miel.

Pero tan pronto como nos damos permiso de cruzar una línea que no debemos, comenzamos a engañarnos, y el goteo, la erosión por el goteo de nuestro carácter comienza. Excusamos nuestras elecciones. Goteo. Deseamos que otros excusen nuestras elecciones. *Nuestras circunstancias son diferentes,* pensamos. *Dios comprende.* Nos mentimos. Goteo. Y si nos mentimos, inevitablemente les mentiremos a los demás. Goteo. Nos enfocamos cada vez más en nosotros mismos. Continuamos distanciándonos de lo correcto. Goteo. Tenemos que racionalizar cada vez más. Pronto, estamos haciendo cosas que *nunca* pensamos que aceptaríamos. El colapso no está muy lejano.

Hacia allá se dirigió la vida de Sansón: cuando se casó con una mujer con quien Dios les había prohibido a todos los hebreos que se casaran; cuando apostó con los treinta invitados a la boda y más tarde mató a treinta hombres de Ascalón para pagar la apuesta; cuando se vengó personalmente de los filisteos; cuando cometió pecados sexuales; cuando jugó con su enemigo filisteo.

Sansón persiguió lo que pensaba que era una buena vida y lo hizo a su manera, como lo hacemos a menudo. Pero su vida terminó vacía. En lugar de liberar a su nación de los filisteos para bien, terminó sacrificándose para eliminar solo a tres mil de ellos. ¿Cuán diferente habría sido si se hubiera rendido a Dios y le hubiera permitido cambiarlo desde adentro?

El poder de un lápiz

Resulta fácil ver que Sansón cruzó las líneas que no debía. Pero, ¿qué hay de nosotros? ¿Sabemos qué límites no debemos cruzar si deseamos ganar en primera base? ¿Y quién traza esas líneas? ¿Quién define lo que es bueno contra lo que es malo, lo correcto contra lo equivocado, lo sabio contra lo insensato? No estoy hablando de los límites de nuestra nación o los linderos con nuestros vecinos (esa es otra conversación). Me refiero a las líneas personales.

¿Cómo responde a esas preguntas? ¿Quién traza las líneas de su vida? ¿Adónde acude para obtener respuestas a sus preguntas de carácter? ¿Usted recurre a...

A. Los medios y las encuestas políticas.

B. La sabiduría colectiva de sus amigos.

C. Su familia.

D. Sus sentimientos.

E. Un partido político.

F. Educadores y escuelas.

G. Líderes religiosos.

H. La Palabra de Dios.

I. Lo que le parece bueno a sus ojos.

J. Otros.

Esta es una pregunta importante porque quien controle el "lápiz" de su vida traza las líneas. Si usted no le ha dado a Dios ese poder en su vida, entonces no sabe dónde están las líneas y no vive de acuerdo con ellas. Si ese es el caso, a usted lo hacen *out* antes de llegar a primera base.

Creo que a muchos de nosotros nos gusta pensar que las líneas no importan. Para muchos de nosotros, si nos encontramos con una línea que no nos gusta, la ignoramos. O intentamos borrarla y volvemos a trazar la nuestra. ¿Por qué habríamos de pensar que eso puede funcionar en primera base? No funciona en ningún momento de la vida. Dios creó todo un juego de vida, y a donde mire, hay líneas. Algunas están fijas en el universo: la velocidad de la luz, las leyes de la física, las propiedades matemáticas. Pero también hay líneas trazadas en cada área de la sociedad: compañías, bancos, culturas, deportes. El béisbol está lleno de líneas: las líneas de *foul*, las líneas de las bases, las líneas del cajón del bateador, el límite del área de jonrón. Y el juego se gana y se pierde dentro de esas líneas. Desde luego, Dios ha trazado líneas. Y nosotros las violamos bajo nuestro riesgo.

Cuando cada uno de los primeros tres de mis hijos se fueron acercando a los dieciséis años de edad, estaban ansiosos por obtener su licencia de conducción. Yo era un padre preocupado (y a veces aterrado), de manera que tuve la conversación de aprender-a-conducir con ellos. Yo sabía que ellos estaban pensando en su nueva libertad, mientras que yo estaba pensando en sus nuevas responsabilidades. A medida que cada uno de mis hijos se fueron acercando a su entrenamiento de conducción, yo les expliqué que esa libertad venía junto con líneas. Fue algo así:

> Un coche es vida y muerte. Cuando obtengas tu licencia sentirás una libertad como nada de lo que has conocido. Es asombroso y estoy feliz por ti. La libertad de conducir se siente como haber salido de prisión. Una licencia de conducción da vida. De igual manera, el coche es un arma. Cuando no sabes cómo manejarlo, cuando eres insensato con él, cuando lo estimas equivocadamente, cuando conduces fuera de las líneas, puede causarte la muerte. Yo he perdido a amigos en accidentes. Perdí a mi hermano. Por lo tanto, la libertad de conducir viene junto con un acuerdo universal de que hay líneas en el camino que no se pueden cruzar. Cuando cruces esas líneas, todos pierden.

Mi hermana tenía dieciséis años cuando un conductor ebrio que había cruzado la línea amarilla apareció de pronto sobre el horizonte de una subida del camino en sentido contrario en el carril de mi hermana a sesenta millas por hora [96,56 km/h]. Embistió de frente el coche de mi hermana. El choque resultante dejó a mi hermana y a su amiga en el hospital. El conductor ebrio perdió la vida. Cuando vi la condición de los coches después del accidente, pensé: *Nadie debió haber sobrevivido.* Toda esa pérdida y muerte sucedieron gracias a que alguien cruzó una línea que nunca debió haber cruzado.

Yo amo a mis hijos, de manera que les ayudé a comprender las líneas de la carretera. Dios nuestro Padre nos ama, y por esa razón, nos muestra dónde se encuentran las líneas y nos pide que no las crucemos. Esa es parte de su plan de juego para la vida abundante. Cuando permanecemos dentro de ellas, podemos mantener la bola en juego y ganar. Podemos tener una vida de jonrón. Cuando Dios les trazó las líneas a Sansón y a Israel, estaba intentando darles vida. Si ellos hubieran prestado atención y peleado para honrar las líneas que Dios les dio, habrían tenido toda la Tierra Prometida. Si les prestamos atención a las líneas de Dios y nos esforzamos para evitar cruzarlas, eso nos ayudará a construir nuestra carrera, nuestro matrimonio, nuestra familia, nuestra salud, nuestro bienestar espiritual. Necesitamos reconocer a Dios como quien sostiene el lápiz. Las líneas que Dios traza son cuerdas salvavidas. Nos ayudan a vivir bien y a ganar problemas de carácter, lo cual nos prepara para el resto de la vida. Cuando nació la iglesia del Nuevo Testamento, como se describe en el libro de los Hechos, hubo muchas conversaciones acerca de las líneas morales. Todas ellas nos ayudan. Pero nosotros somos privilegiados al tener también la ayuda del Espíritu Santo. Con la ayuda de estas dos líneas salvavidas —la Biblia y el Espíritu Santo—, creo que podemos discernir dos tipos de líneas que nos ayudarán a ganar en el interior y a llegar a primera base.

1. Líneas sólidas: Todos las deben respetar

Dios nos ha trazado muchas líneas sólidas. El propósito de este tipo de línea es comunicar que cruzarla es pecado para todo mundo. Esta es como la línea doble de una carretera. Cruzarla trae muerte.

Cuando leemos 1 Corintios 5 vemos que el apóstol Pablo le señala a la Iglesia una línea indiscutible. Pablo aborda la inmoralidad sexual que estaba practicando una persona de la iglesia que se llamaba a sí misma creyente. Pablo desea dejar en claro que la inmoralidad sexual es una línea de pecado que ningún creyente debe cruzar. Les dice a los corintios que se deshagan del pecado, y que si la persona que se dice ser creyente no está de acuerdo en honrar esta línea de Dios, entonces debe ser expulsada del círculo de la fe.

¿Pero qué eso no es juzgar?, se preguntará usted. Creo que Pablo aborda esto. Una vez que venimos bajo Cristo, estamos de acuerdo con las líneas de Dios. Aunque nadie camina en perfección, nuestro objetivo en la vida es andar en los caminos de Dios. De esta manera somos como jugadores de béisbol. Tratamos de jugar sin cometer errores, no obstante, de vez en cuando, es probable que tiremos la pelota. Cometer un error nunca es la meta. Tampoco debemos decir que un error fue una buena jugada. Y así como estaría mal que el jugador de béisbol dijera que un error fue una buena jugada, estaría mal que un seguidor de Cristo llamara bueno algo que Dios llama pecado. Distinguir el bien del mal es discernir la verdad de Dios, no juzgar. Los creyentes que no conocen la diferencia crean problemas en la comunidad de la fe.

El enfoque de Pablo en las líneas, en este pasaje, tiene que ver completamente con los seguidores de Cristo. Pablo aclara que no está alentando un espíritu de juicio contra el mundo incrédulo. Él espera que ellos sigan su propio camino. Escribe: "Porque ¿qué razón tendría yo para juzgar a los que están fuera?". La respuesta implícita es: Ninguna. Pablo escribe: "Dios juzgará a los de afuera". Los que están dentro de la Iglesia son una cosa distinta. Pablo continúa: "Expulsen al malvado de entre ustedes".[9] En otras palabras, si alguien de la Iglesia ignora las líneas sólidas de Dios o intenta borrarlas, esa persona no pertenece con los demás creyentes.

Cuando la Escritura es clara acerca del pecado, debemos reconocer que Dios ha esbozado una línea sólida. Pablo fue claro al respecto. Preste atención al lenguaje que Pablo utiliza en Colosenses 3:5-10:

> Por tanto, hagan morir todo lo que es propio de la naturaleza terrenal: inmoralidad sexual, impureza, bajas pasiones, malos deseos y avaricia, la cual es idolatría. Por estas cosas viene el castigo de Dios. Ustedes las practicaron en otro tiempo, cuando vivían en ellas. Pero ahora abandonen también todo esto: enojo, ira, malicia, calumnia y lenguaje obsceno. Dejen de mentirse unos a otros, ahora que se han quitado el ropaje de la vieja naturaleza con sus vicios, y se han puesto el de la nueva naturaleza, que se va renovando en conocimiento a imagen de su Creador.

La lección es clara: no intente borrar ni redefinir lo que Dios ha hecho una línea sólida. Eso fue lo que le costó a Sansón. Ignoró las líneas de Dios para poder satisfacer sus deseos. Hablaba como un seguidor de Dios, pero vivía como un filisteo. Si nosotros hacemos eso, haremos estallar nuestra vida al igual que Sansón.

2. Líneas punteadas: Yo las debo respetar

Las líneas sólidas son muy claras, y si deseamos seguir a Dios, nuestra única opción es respetarlas. Pero no todas las líneas que Él traza son sólidas. Algunas son punteadas. ¿Qué significa eso?

Significa que algunas cosas son pecado para algunas personas, pero no para todos.

Nosotros podemos ver esto en la vida de Sansón. Durante su tiempo, los Diez Mandamientos servían como las líneas sólidas de Dios para todos los israelitas. Sin embargo, Dios dibujó una línea punteada para Sansón. Él debía abstenerse de beber lo que proviniera de la vid. Eso era pecado para él. ¿Era pecado para todos los demás? No. Cortarse el pelo era un pecado. ¿Lo era para todos los demás? No. Para seguir a Dios fielmente, Sansón necesitaba obedecer las líneas sólidas así como las líneas punteadas que Dios tenía solamente para él.

Dios continúa trazándonos líneas punteadas. Para usted algo puede ser un pecado. Para mí no. Y viceversa. Por ejemplo, parte de mi voto como pastor en mi círculo incluye un compromiso de abstenerme del alcohol. Más importante aún, fue algo que sentí que el Señor me estaba pidiendo en mis años universitarios. Yo sabía que para mí, consumir alcohol sería un pecado. Sin embargo, seamos claros: en ningún lugar de la Biblia enseña que una bebida alcohólica sea una bebida pecaminosa. ¿Qué dice la Biblia? Pablo escribe en 1 Corintios:

> ¿No saben que los malvados no heredarán el reino de Dios? ¡No se dejen engañar! Ni los fornicarios, ni los idólatras, ni los adúlteros, ni los sodomitas, ni los pervertidos sexuales, ni los ladrones, ni los avaros, ni los *borrachos*, ni los calumniadores, ni los estafadores heredarán el reino de Dios. Y eso eran algunos de ustedes. Pero ya han sido lavados, ya han sido santificados, ya han sido justificados en el nombre del Señor Jesucristo y por el Espíritu de nuestro Dios [énfasis añadido].[10]

De manera que emborracharse es un pecado. Es una línea sólida para todos sin excepción. Pero tomar una bebida alcohólica es una línea punteada bíblicamente. Por lo tanto, usted debe resolver con la dirección de Dios qué es lo agradable y beneficioso en su caminar con Él.

Nunca debemos llamarle línea punteada a algo que Dios ha llamado una línea sólida. Tampoco debemos llamarle línea sólida a algo que Dios ha llamado una línea punteada. Yo no tengo la libertad de decirles a los demás que beber cerveza es un pecado solamente porque Dios me dijo a mí claramente que yo no debía hacerlo. Muchos de mis amigos disfrutan una cerveza fría o una copa de vino en la cena. A mí no me ofende eso en lo más mínimo. Tampoco prefiero que no beban cerca de mí. Ni siquiera pienso que abstenerme del alcohol sea una señal de mayor santidad. Simplemente es una decisión que Dios me pidió tomar. Por lo que, lo crea o no, nunca he tomado ni una bebida alcohólica en mi vida.

Si usted desea ganar sus batallas de carácter en el interior, necesita preocuparse por observar las líneas punteadas que Dios le ha dado, sin intentar imponérselas a nadie más.

Sea práctico en primera base

Trabajar dentro de las líneas de Dios proporciona una directriz dominante para vivir como seguidores de Cristo, y es el comienzo para ganar dentro de la primera base. ¿Pero qué hacemos día a día para ganar las batallas de carácter? Le sugiero que se involucre consistentemente en cuatro prácticas:

1. *Pague*, luego juegue

Vivimos en un mundo en que a la gente se le anima a jugar ahora y preocuparse poco por lo que pueda suceder mañana. Eso fue lo que hizo Sansón. Se satisfizo a sí mismo primero, sin realmente esperar que sus acciones le pasaran factura. Pero sucedió. *Siempre* sucede. La primera regla del carácter es aprender a autodirigirse. Si no aprende a dirigirse a sí mismo, usted será esclavo de otras personas y cosas. Y nunca aprenderá a dirigir a los demás en el matrimonio, la familia, el empleo, la fe o la vida.

En la película, *Grandes debates,* hay una línea reveladora: "Hacemos las cosas que no deseamos hacer, para que podamos hacer las cosas que deseamos hacer". En otras palabras, ellos eligen pagar primero para poder jugar más tarde. Si usted hace su tarea antes de salir a jugar, entonces disfrutará completamente del juego. Y se beneficia de siempre tener hecha la tarea a tiempo. Si hace su trabajo antes de tomar vacaciones, usted sirve bien a su empresa, y ayuda a hacer avanzar su causa. Usted puede relajarse de verdad en su tiempo libre. En sus finanzas, si usted vive de acuerdo con el principio 10-10-80, en el que le da primero el 10% a Dios a través de la iglesia, aparta el 10% como ahorros y luego vive con el 80% restante, entonces disfruta de una estabilidad financiera y le da paso en su vida a la bendición de Dios. Pagar primero *siempre* le beneficia.

Por el contrario, si siempre juega primero, entonces su vida se vuelve caótica y agobiada por la culpa. Si juega primero, habrá veces en que no lleve a cabo la tarea. Para compensar, usted hace trampa en alguna otra parte de su vida o no da el ancho en la escuela, lo cual generalmente resulta en una reacción en cadena de consecuencias negativas.

Si coloca las vacaciones y la recreación por sobre su trabajo, usted hace trampa como empleado, defrauda a sus compañeros de trabajo y a sus clientes, y socava su carrera. Si eso le cuesta su trabajo, usted pierde no solamente los recursos para pelear en el futuro, sino también el medio para mantenerse.

Si usted gasta su ingreso en cosas que lo gratifican y vive más allá de sus medios, se queda cortó al pagar sus cuentas, entra en deudas y no tiene un margen financiero para las dificultades y reveses diarios de la vida. Nunca hará dinero, porque eso solamente sucede cuando ahorra. Además no le queda nada para darle a Dios, ¡lo cual la Escritura dice que es robarle![11] ¡Eso le imposibilita a Dios bendecirlo!

En mis primeros años en el ministerio, me encontré con una declaración acerca de la disciplina que cambió mi manera de ver la vida. Se le atribuía a Jim Rohn: "Existen dos tipos de dolor en este mundo: el dolor a corto plazo de la disciplina y el dolor a largo plazo del remordimiento. Uno pesa unas cuantas onzas [unos cuantos gramos], el otro toneladas. Elija su dolor".

No intente engañarse. Usted debe elegir, porque nadie escapa de ambos. Todo mundo paga. Ya sea que pague por adelantado, cuando el precio es más bajo y tiene más opciones de pago; o pague después, cuando el precio es más alto y las opciones pocas.

Sansón pudo haber gobernado Israel con poder y haber sido una bendición para su pueblo. Pudo haberse conducido en muchas maneras, si hubiera estado dispuesto a pagar el precio. Todo lo que tenía que hacer era vivir dentro de las líneas que Dios le había marcado. En cambio, jugó. Le costó su fuerza, su libertad, su vista y al final: su vida. No obstante, todo el tiempo, Dios tuvo una mejor vida en mente para Sansón. Dios tenía más, pero Sansón nunca lo recibió. ¿Qué es lo *más* que Dios podría tener para usted si tan solo se disciplinara a pagar primero?

La perspectiva de John

Cuando era pequeño, mi padre nos dijo: "Paguen ahora, jueguen después". Esa no me fue una lección fácil de aprender. Yo era un niño muy sanguíneo y me encantaba jugar. Podía pasar todos los días de mi infancia tirando canastas y jugando con mis amigos. De hecho, creo que lo hice.

Yo no capté verdaderamente la lección de pagar primero hasta un sábado por la mañana. Mi trabajo de niño era limpiar el sótano. Yo tenía que hacerlo cada semana. Mi papá, en un esfuerzo por capacitarnos en independencia, nos permitía decidir cuándo haríamos nuestras tareas. De manera que yo podía limpiar el sótano cualquier día de la semana. Pero la regla era que tenía que haber terminado para el sábado al mediodía.

Una semana en particular postergué limpiar el sótano todos los días. *Lo haré mañana,* me decía cada día cuando salía a jugar.

Llegó el último día, y como siempre, no había hecho mi trabajo. Al mediodía, mi papá subió al coche a mi mamá, mi hermano y mi hermana —a toda la familia excepto yo— para pasar la tarde nadando. Nunca olvidaré mirarlos marcharse juntos.

Jamás volví a postergar mis tareas.

2. Gane ventanas de tres segundos

Yo crecí en una casa donde mi padre tenía un temperamento volcánico. Cuando se hartaba, estallaba. Mis hermanos y yo lo imitamos. Nosotros explotábamos cuando nos venía en gana, y justificábamos nuestra ira. Culpábamos a las circunstancias, a otras personas o a los problemas, diciendo que estos nos *provocaron* perder los estribos. "¡Tú me enfadas!", yo decía, como si alguien más fuera responsable de mi ira. Pero perder los papeles es una decisión. La gente puede hacer cosas que encienden el fuego, pero uno tiene que estar de acuerdo en ser el combustible que lo haga explotar. Es una decisión.

Cuando asistí a la universidad bíblica llevé mi mal genio conmigo. Una vez perdí un simple juego en la sala de recreación, lo cual me enfadó bastante. De manera que golpeé la pared con el puño. ¡Literalmente! Meses más tarde, me llamaron a la oficina del presidente de la universidad por causa de mis acciones. El presidente me dijo cuán decepcionado estaba de mí. ¿Cuál fue mi respuesta? Procedí a decirle cuán decepcionado estaba yo de él. Hasta ahora, me avergüenza la falta de respeto que le mostré al presidente. Pero cuando carecemos de autocontrol, entonces decimos y hacemos cosas tontas.

Para cuando Marcia y yo dijimos "acepto", yo había convertido mi mal genio en una herramienta para intentar forzarla a pensar como yo. Lo que yo no sabía es que me había casado con una mujer desinhibida que no tenía intenciones de conformarse a mis expectativas. Podrá imaginarse cómo resultó aquello. Explicaré más en el siguiente capítulo a medida que analicemos la base de la gente.

¿Por qué menciono estos conflictos y tropiezos de carácter? Porque se podrían haber prevenido. Yo tenía la opción de no permitir que mi temperamento se desenfrenara, socavar mi carácter y dañar mis relaciones. Todo lo que tenía que hacer era tomar la decisión correcta en una ventana de dos o tres segundos.

¿Qué quiero decir con una ventana de tres segundos? En

medio de la tentación existe un momento en que sus emociones están al borde y ceder a la tentación parece ser lo correcto. Si usted sabe que este flujo de aparentemente irrefrenable tentación está llegando y no obstante se entrena para esperar antes de actuar, usted puede vencerla.

Yo, en esos segundos, me decía que si tan solo explotaba, entonces me sentiría mejor y "resolvería" mi problema. Esa era una mentira. Cuando aprendí a anticipar la mentira, esperarla, aguantar la intensidad que producía dos o tres segundos, y esperar antes de actuar, entonces mi carácter comenzaba a sosegarse. Y evitaba hacer las cosas que estaban dañando mi carácter y mis relaciones. La clave es esperarlo y saber que se pasará, porque cuando llega la tentación y cedemos, incrementa y se vuelve todavía peor. Es como desatar un monstruo.

Un sencillo ejemplo con un globo puede ayudarle a comprender cómo funciona esto. La tentación se eleva como un globo que se está llenando de aire. Cuando sentimos que el globo ya no puede soportar más, deseamos soltarlo para que se desinfle. Pero, ¿qué sucede cuando soltamos un globo lleno? ¡Vuela por todos lados, vuela de un lado a otro, de arriba para abajo y golpea con todo lo que está a su paso, hasta que el aire sale y el globo cae al suelo! Cuando perdía los papeles actuaba como el globo, o como el bufón, si lo prefiere. En esos momentos, a menudo me decía: *Esto es imposible de controlar.* Y era verdad: una vez que dejaba que mi temperamento estallara. Inténtelo. Infle un globo, suéltelo y *luego* intente controlarlo. Es imposible. El momento de controlarlo es *antes* de soltarlo. Si usted puede asir el globo y dejar que el aire salga paulatinamente resolverá el problema. Uno logra hacer eso a través de ganar esa ventana de tres segundos antes de soltar el globo.

Eso hace toda la diferencia. Dios dejó en claro que yo tenía que ganar esta pequeña ventana de tiempo para controlar mi temperamento. Sí, crecí en un hogar volátil. Aunque eso pueda *explicar* mi carácter, no *excusa* mi temperamento. Y esa fue una confesión que me cambió la vida. Reconocí que Dios había trazado una línea. Yo debía apartar mi amargura, mi ira y mi enojo.[12] Tuve que practicar autocontrol en este aspecto para ganar la primera base.

Para ayudarme con esto memoricé dos versículos y me los repetía durante las ventanas de tres segundos cuando estaba siendo tentado a explotar. El primero fue 1 Corintios 10:13: "Ustedes no han sufrido ninguna tentación que no sea común al género humano. Pero Dios es fiel, y no permitirá que ustedes sean tentados más allá de lo que puedan aguantar. Más bien, cuando llegue la tentación, él les dará también una salida a fin de que puedan resistir". Yo me capacité para abrazar la verdad de que cualquier tentación que experimentara del maligno, no podría ser mayor que el poder de Dios que está dentro de mí. Solo necesitaba depender de Él—la lección del *home*—. De manera que cuando se elevaba la tensión, yo declaraba este versículo como mi promesa. La reforzaba con un segundo versículo que memoricé, el cual era Proverbios 15:1: "La respuesta amable calma el enojo, pero la agresiva echa leña al fuego". Admito que esto puede parecer muy simple, pero comenzó a cambiarme. En los aspectos en que mi temperamento continuamente me provocaba estallar en un área de mi carácter, finalmente estaba ganando en el interior y llegando a primera base.

La idea de ganar una ventana de tres segundos se aplicaba a casi cada situación por la que estaba pasando. Funcionaba con la lujuria, el impulso de comprar, el impulso de comer y otras tentaciones. Y creo que funcionará para ayudarle a usted a ganar en primera base. ¿Cuál es su área principal de tentación? ¿Qué podría cambiar su vida si pudiera ganar consistentemente en ella? Intente ganar la ventana de los tres segundos.

3. No tenga un mundo secreto

Una de las cosas más destructivas que cualquier persona puede hacer es crear una vida secreta en la que se crucen las líneas de Dios. El pecado secreto en la vida de mi papá es una de las razones principales que causó la ruptura del matrimonio de mis padres.

Nuestra familia parecía ser una en la iglesia el domingo y otra completamente distinta en cualquier día de la semana. Era una farsa.

El pecado secreto lo lastima a usted y a los demás. Crea socavones que silenciosamente minan su carácter hasta que hay un colapso que lo destruye a usted y amenaza con tragarse a quienes lo rodean.

Eso fue lo que sucedió con Tiger Woods hace varios años. Él creó una vida secreta, y cuando fue expuesta, su vida colapsó. Nosotros hablamos mucho acerca de Tiger en la casa, porque a mi hijo Jake le encanta el golf y admiraba bastante la capacidad de Tiger cuando estuvo en la cima. Jake grababa los partidos de Tiger y los miraba con devoción. Tiger fue un Sansón moderno, llegó a ser *el* mejor golfista del mundo. Nadie se le acercaba siquiera. Ganó los cuatro torneos principales en un período de doce meses. Era el mejor del mundo en su profesión y contaba con un patrimonio neto de 500 millones de dólares. Había logrado una reputación de caballero que lo convirtió en una mina de oro para el juego del golf y para sus patrocinadores.

Lo que la mayoría de las personas no sospechaban era que él estaba sumiéndose en el engaño. Él lo deseaba todo: carrera, riqueza, matrimonio y familia. Pero también deseaba la satisfacción de Dalila. Aunque estaba ganando en grande en tercera base, estaba transigiendo en primera base. Y desde luego, eso hizo explotar su vida. Puso su carrera en espera para intentar salvar su matrimonio y a su familia. Pero eso no funcionó y, como Sansón, perdió su fuerza. ¿Quién sabe cuánto tiempo tomará para que el "pelo" de Woods crezca de nuevo y domine otra vez?

Jake continúa jugando en el equipo de golf de su escuela, y todavía graba y ve a Tiger. Aunque a Jake y a mí nos gustaría ver a Tiger tener éxito, nuestras conversaciones ayudaron a mi hijo adolescente a darse cuenta de que nadie puede tener una vida de jonrón si hace trampa en primera base. Nadie está exento, ni siquiera el Sansón del golf. Y ese no es un juicio, es una realidad que nos humilla a todos. Si mantenemos una vida secreta, colisionaremos en primera base.

Hace tiempo descubrí una verdad significativa en mi vida: yo estoy tan enfermo como mis secretos. Cualquier pecado que podamos mantener secreto, lenta pero constantemente erosiona nuestro carácter. El pecado secreto genera socavones en la vida de una persona. He visto a demasiadas personas crear mundos secretos para sí, especialmente a la gente que tiene libertad o dinero. Por esa razón, yo no me permito crear secretos en ningún área de mi vida. Abro mi vida a la rendición de cuentas y a la contribución de creyentes más maduros. No le guardo secretos a mi esposa. Soy abierto con respecto a mis tentaciones con mi compañero de oración, Dave Bearchell, y con otras personas que respeto.

Usted necesita hacer lo mismo. Necesita abrirles su vida a creyentes maduros que puedan ayudarlo. Eso requiere humildad, apertura, valentía y confianza. Es difícil abrirse para obtener corrección en áreas en que sabe que necesita cambiar. Pero es una de las maneras más importantes para guardar y edificar su carácter, de modo que pueda ganar en la primera base.

La perspectiva de John

El año de 1987 es importante para mí porque varios líderes de alto perfil de la iglesia cayeron moralmente. En ese tiempo, yo era pastor principal de la Skyline Church. Fue desgarrador ver que sucedieran esas cosas. Recuerdo haber pensado: *Eso nunca podría sucederme a mí.* Luego leí que uno de los hombres que cayeron, dijo: "Pensé que esto nunca podría sucederme a mí". Ese fue un momento aleccionador.

Para guardarme del fracaso moral, he puesto en marcha cinco prácticas:

1. Rara vez viajo solo.

2. Llamar a mi esposa, Margaret, cada noche.

3. Rara vez me encuentro solo con una mujer.

4. Hablo positivamente de Margaret.

5. Elijo cuidadosamente a mis amigos.

También prometí nunca tener ningún tipo de secreto en mi vida. No le guardo secretos a Margaret, e intento vivir como un libro abierto.

4. Ponga la pureza por encima de la pasión

Dios llama a su pueblo a ser santo, porque Él es santo. Desea que seamos como Él. Pero también nos está enseñando lecciones de fidelidad. Dios nos pide que seamos espiritualmente fieles, que tengamos un solo Dios. Si le somos fieles, no nos lastimamos innecesariamente. De igual manera, si somos sexualmente fieles, teniendo una sola esposa, nos causamos menos daño a nosotros y a los demás. La promiscuidad sexual puede conducir a la traición, la angustia, el dolor y la enfermedad. Puede destruir familias y crear un caos social, y lo hace.

El deseo de salir de las líneas que Dios nos proporciona es tan antiguo como la humanidad. El simple hecho de que el Antiguo Testamento le diga a la gente que no se involucre en adulterio, homosexualidad, incesto y otras formas de pecado sexual es la prueba de que la gente ha deseado involucrarse en esas prácticas durante miles de años, al igual que ahora. La naturaleza humana no ha cambiado. Tampoco lo han hecho las líneas que Dios nos ha trazado. La pureza ha sido y siempre será el estándar de Dios. Es por eso que necesitamos pelear por ella.

Uno de los mejores momentos en el ministerio de John sucedió cuando se sentó en el estrado en un evento de Promise Keepers (Cumplidores de promesas) y tuvo una conversación casual acerca de la pureza. Le pedí que la compartiera aquí.

La perspectiva de John

En 1994, me pidieron que hablara en un evento de Cumplidores de promesas en el Hoosier Dome de Indianápolis. El tema que seleccionaron para mí fue la pureza moral.

Desde que acepté la misión y comencé a escribir mi mensaje, sentí una tentación sexual como nunca había sentido antes. Sentí que el enemigo estaba intentando eliminarme o desacreditarme antes del evento.

En su libro *Tentación*, Dietrich Bonhoeffer dice: "Cuando la lujuria toma el control, en ese momento Dios es bastante irreal

(continuado)

para nosotros". Hice todo lo que pude para guardarme contra la lujuria. Pasaba tiempo adicional con Dios. Y también hice algo que no había hecho antes. Les pedí a mis hijos, que en ese tiempo eran adolescentes, que oraran por mí en el área de la tentación. "Yo siempre le he sido fiel a su madre —les dije—, y siempre lo seré, con la ayuda de Dios". Cada noche, cuando se alistaban para irse a la cama, orábamos juntos, y sus oraciones me fortalecieron.

Cuando finalmente llegó el día del evento, yo estaba emocionado. Dios me había cuidado. Había sobrevivido a la tormenta y estaba listo, así como la audiencia de cincuenta y cinco mil personas. Ellos estaban muy entusiasmados. Nunca olvidaré ese día. El título de mi charla fue: "Deje su chaqueta", y se centró en la historia de José y la esposa de Potifar. El primer punto de mi sección acerca de cómo manejar la tentación sexual fue una sola palabra: ¡Huya! Cuando lo dije, la gente enloqueció. Ellos vitorearon continuamente durante lo que se sintieron como cinco minutos.

La verdad es que el pecado lo llevará más lejos de lo que desee ir. Lo entretendrá más tiempo del que usted desee quedarse. Y le costará más de lo que desee pagar. Y si esos pensamientos no son suficientemente aleccionadores para usted, entonces piense en sus hijos, si es que tiene alguno. Lo que usted haga impactará la vida de sus hijos en el *futuro*. El legado que reciban de usted está determinado por sus acciones ahora. ¿Ese legado será positivo o negativo? La decisión es suya.

Como seguidores de Cristo, nuestra responsabilidad es saber dónde ha trazado Dios las líneas y vivir de tal manera que no las crucemos. ¿Cuál es la mejor manera de hacerlo? Necesitamos identificar dónde están las líneas a la luz del día y comprometernos a permanecer del lado correcto de la línea antes de que llegue la tentación. Yo siempre les he dicho a mis hijos: "Dibujen la línea de límite cuando estén en sus cabales, en lugar de hacerlo en el calor del momento. Porque si no han establecido eso antes de que la pasión ataque, no sabrán dónde se encuentra la línea hasta que ya la hayan cruzado. Y luego estarán en problemas. Una vez que han cruzado una línea, ¡no pueden *descruzarla*!".

Si puede, gane con anticipación

Una de las personas que he visto pasar por los difíciles años de la "adultez joven" es Brandon McCormick. Es un fantástico ejemplo de alguien que ha empezado bien en la manera de correr las bases comenzando en su adolescencia. Brandon creció en la 12Stone Church desde el tiempo en que su familia se mudó a Georgia cuando él tenía diez años. Brandon era un niño que se distraía fácilmente y detestaba la escuela. Pero cuando cumplió quince años, encontró su llamado en la vida: hacer películas. Desde entonces, puso todo lo que tenía en aprender acerca del rodaje y la creación de videos y películas.

Para cuando Brandon estaba al final de la adolescencia, Hollywood ya lo estaba llamado. A esa edad, muchos de sus colegas cineastas hicieron lo que la mayoría de la gente de nuestra cultura hace: correr directamente a tercera base, haciendo trampa en las otras bases, para perseguir el éxito. Brandon fue en otra dirección. Decidió permanecer en Georgia y perseguir una vida de jonrón, y no solamente una temporada de éxito. Tomó la decisión de colocar primero a Dios y de darle a Dios el lápiz para trazar las líneas de su vida.

Brandon sirvió a nuestra iglesia proporcionando vídeos antes de la aparición de YouTube. Cuando fue suficientemente bueno para llevar la narración de historias a la pantalla, la iglesia lo contrató a tiempo completo. Él apenas tenía dieciocho años. A los veinte, se casó con su novia de la preparatoria, Kimmie, y ambos se establecieron a unas cuantas millas [kilómetros] de sus familias. Años más tarde, emprendió Whitestone Motion Pictures, donde crea contenido innovador con presupuesto limitado, perfeccionando su habilidad aún más. Mientras tanto, permaneció conectado con Dios, la iglesia y sus mentores espirituales.

Brandon tiene la avanzada edad de… veintiocho años, y ya tiene más de una década de experiencia haciendo películas. Ha desarrollado a un equipo de cineastas en Whitestone Motion Pictures, y disfruta su vida familiar con su esposa y sus dos pequeñas hijas. Su trabajo fílmico ha ganado unos treinta premios de la industria, atrayendo así la atención de productores e inversionistas (si tiene curiosidad, puede revisar los cortometrajes y proyectos en whitestonemp.com).

Lo que Dios hará en la vida de Brandon y a través de ella no es seguro. Su historia está siendo escrita. Pero lo que lo separa de muchos de sus colegas es que está eligiendo pelear por las victorias de primera base de su vida. No tomó atajos. No vendió su alma por construir rápidamente su carrera. En cambio, peleó la difícil batalla de construir un cimiento de carácter. Brandon desea algún día construir un imperio como el de George Lucas en las faldas de los Apalaches. Yo no sé si podrá llegar allá. Es demasiado pronto para saber. Ya puedo ver que él está viviendo la vida abundante. Está corriendo las bases de la vida en la manera correcta: primero Dios, luego el carácter, luego de eso la familia y la carrera en el lugar que le corresponde.

Supere sus errores

¿Cómo le está yendo en este aspecto? ¿Está dependiendo de Dios y peleando primero por victorias en el carácter? ¿Está intentando honrar las líneas de Dios? Si es joven como Brandon, y pelea para ganar en el interior en primera base, prepárese para el éxito en cada área de la vida.

¿Pero y si es mayor que Brandon? ¿Y si ya cometió muchos errores? Todos tienen victorias en algunas áreas y errores en otras. Marcia y yo ganamos en el área de la pureza. Nos casamos vírgenes. Pero cometimos muchos errores en otras áreas. Nadie participa en el juego de la vida sin errores.

Recibí una lección al respecto en sexto grado cuando jugaba para el equipo de béisbol de nuestra comunidad. Yo era el receptor. Nunca lo olvidaré: había dos *outs* y el otro equipo tenía a un hombre en primera. El bateador tenía dos *strikes*. Uno más y estaríamos terminando la entrada.

El bateador abanicó y falló en su tercer *strike*. Pero de alguna manera, la bola desapareció: no estaba en mi guante ni en el suelo. Al ver que yo no había cachado la pelota, el bateador corrió a primera base y el otro corredor avanzó hasta la tercera. Mientras tanto, yo estaba buscando por todas partes una pelota que no podía ser hallada. El corredor anotó y finalmente se descubrió la pelota de béisbol. Se había ido al protector de pecho y se había quedado ahí. A mí me impusieron un error. Gracioso, ¡pero no divertido!

Años más tarde, cuando tenía veintitantos años, yo jugaba como jardinero central para el equipo de sóftbol de nuestra iglesia. Durante un juego, un bateador golpeó la bola por las nubes hacia el centro. No hay problema, yo estaba debajo. La bola cayó en mi guante... y rebotó. Yo estaba tan conmocionado por el error que me congelé. Los corredores avanzaron.

Yo estaba un poco paralizado cuando pasó el siguiente bateador. Como era de esperarse, golpeó la bola directo hacia el jardín central. Esta vez yo estaba listo. Me coloqué debajo de la pelota y esta fue directo hacia mi guante... y rebotó. Yo estaba aterrado. Estaba conmocionado. Esto nunca me había sucedido en la vida. Comencé a temblar. Sabía que solamente era sóftbol recreativo, pero tenía orgullo. ¡Soy competitivo y me gusta ganar!

¿El siguiente bateador? Sí, jardín central. Me aferré a esa bola como si fuera un billete de lotería multimillonario. Me habían impuesto dos errores mientras el equipo contrario añadía dos carreras. ¿La buena noticia? Obtuve la redención en la entrada siguiente cuando hice un jonrón que impulsó varias carreras y me ayudó a superar mis errores.

¿A dónde me dirijo con esto? Recibí una segunda oportunidad en ese juego, y la necesitaba. Y aunque no lo merecemos, Dios da segundas oportunidades. Creo que el apóstol Juan nos estaba ayudando a aprender cómo hacer de la primera base nuestro objetivo, pero si resbalamos y cuando lo hagamos, tiremos la bola, cometamos un error o nos saquen de camino a primera base,

Dios nos da una segunda oportunidad. Él perdonará nuestro pecado si lo confesamos en humildad. Juan escribió:

> Mis queridos hijos, les escribo estas cosas para que no pequen. Pero si alguno peca, tenemos ante el Padre a un intercesor, a Jesucristo, el Justo. Él es el sacrificio por el perdón de nuestros pecados, y no sólo por los nuestros sino por los de todo el mundo.[13]

Y no olvidemos esto: Juan les estaba escribiendo esto a los creyentes, no a los no creyentes. Dios anticipa que cometeremos errores. Su deseo es que acudamos a Él cuando los cometamos.

Ese fue el caso de Michael. Lo conocí un fin de semana cuando mi familia estaba fuera de la ciudad. Yo deseaba salir y terminar de escribir una lección de fin de semana, de manera que me subí a mi motocicleta Harley-Davidson y conduje durante una hora. Me detuve en una ciudad a treinta minutos de 12Stone. Nunca antes había visitado ese restaurante, pero el mesero fue atento y la comida buena. A la mitad de mi almuerzo, el mesero me preguntó: "¿Usted es el pastor de 12Stone?". Cuando dije que sí, él respondió: "Hombre, deseaba agradecerles a los de 12Stone. Hace un par de años me estaba yendo bien en mi carrera. Era gerente de un restaurante local y estaba en ascenso. Pero en lo privado estaba cruzando una línea. Drogas ilegales. Se suponía que sería divertido y resulté ser un tonto. Arruiné mi vida y terminé en la cárcel.

"Mientras estaba en la cárcel —continuó—, un chico de 12Stone llamado Rusell, iba cada semana y llevaba su DVD de enseñanza. Él abrió nuestra vida a la fe en Jesús. Dios está cambiando mi vida, y desde que salí he estado intentando asistir a la iglesia tanto como me es posible. Estoy en un grupo de recuperación y he estado limpio durante meses. Solamente deseaba decirle gracias por todo lo que usted está haciendo en 12Stone para darle a la gente una segunda oportunidad".

Ahora bien, eso fue todavía mejor que un paseo en mi Harley, ¡y eso es mucho decir! Pero esas son las buenas noticias de Dios. Cuando nuestra vida se arruina —incluso por mano propia, aunque ya estemos en el equipo de Dios y cometamos errores—Dios nos dará una segunda oportunidad si de verdad estamos arrepentidos. Y la verdad es que, incluso como creyentes, necesitamos muchas segundas oportunidades. Pero si estamos dispuestos a hacer las cosas a la manera de Dios, finalmente llegaremos a primera base. Podemos convertirnos en una persona que viva conforme a la verdad y gane las batallas en el interior. Y cuando lo hagamos, estaremos en la posición correcta para ganar con los demás en segunda base, lo cual es el tema del siguiente capítulo, entonces siga leyendo.

La guía de aplicación de John

Preguntas para discusión

1. ¿Alguna vez ha conocido a alguien cuya vida haya colapsado? De ser así, ¿qué problemas de carácter minaron a esa persona similares al ejemplo del socavón que se encuentra en el capítulo?

2. Cuando lee acerca de la vida de Sansón, ¿se identifica con él? ¿O se le dificulta comprender por qué alguien que ha sido elegido por Dios para un propósito especial lo haya hecho a un lado como lo hizo él? Explique.

3. La perspectiva de lo correcto y lo incorrecto que tenemos ha sido influida por factores externos a la Palabra de Dios. ¿Cuál de las influencias mencionadas en el capítulo han ejercido la mayor influencia en usted? Aquí está una lista del capítulo para estimular su memoria:

A. Los medios y las encuestas políticas.

B. La sabiduría colectiva de sus amigos.

C. Su familia.

D. Sus sentimientos.

E. Un partido político.

F. Educadores y escuelas.

G. Líderes religiosos.

H. La Palabra de Dios.

(continuado)

I. Lo que parezca bueno en mi perspectiva.

J. Otros.

¿Algunas de estas influencias lo han desviado en algún área de su vida? De ser así, explique.

4. ¿En dónde ha trazado Dios una línea punteada en su vida? ¿Cómo la reconoció? ¿Qué tan bien la ha honrado? ¿Cómo ha impactado su vida?

5. ¿Cuál de las cuatro prácticas recomendadas en el capítulo le parecen más fáciles? ¿Cuáles le parecen más difíciles? ¿Por qué?

- Pague, luego juegue.

- Gane ventanas de tres segundos.

- No tenga un mundo secreto.

- Ponga la pureza por sobre la pasión.

6. ¿Por cuál de las cuatro prácticas está dispuesto a pelear ahora? ¿Cómo se conducirá para ponerla en práctica? ¿A quién invitará a que lo ayude a involucrarse en el proceso?

Tarea

Nadie puede vencer los problemas de carácter a solas. Todos necesitamos la ayuda de creyentes maduros que estén más avanzados que nosotros. Lamentablemente, entre mayor sea la dificultad que haya tenido para ganar en el interior en primera base, menos inclinado puede estar a dejar que otros entren en su vida para ayudarle.

Si usted no es parte de una iglesia local, su primera tarea es encontrar una y conectarse. Y, por cierto, no busque la iglesia perfecta, porque, como Kevin les dice a las personas que asisten a 12Stone: "Si estaba buscando la iglesia perfecta, no la ha encontrado. Y posiblemente sea mejor que deje de seguir buscando, porque si la encuentra y se une a ella, ¡la arruinará!".

Cuando busque una iglesia, lo más importante es encontrar una iglesia que base sus enseñanzas sólidamente en la Biblia, y que sea una iglesia con la cual usted coincida en su misión, valores y liderazgo. Una vez que la encuentre, apéguese a ella. En la mayoría de los casos de las personas que brincan de iglesia en iglesia, el problema son ellos, no la iglesia.

Una vez que se involucre en una iglesia, vuélvase un participante activo. Únase a un grupo pequeño o célula. Sirva.

Apoye económicamente a la iglesia. Luego espere problemas y conflicto. En medio de las pruebas es cuando Dios lo hará crecer. Si usted ya es parte de una iglesia local, entonces busque intencionalmente creyentes maduros que le ayuden a crecer en carácter. Permítales conocerlo. Invítelos a resaltar sus problemas de carácter. Luego comprométase a hacer lo que sea necesario para obedecer a Dios y cambiar.

Estos pasos probablemente sean algunos de los más importantes en su caminar espiritual. Le ayudarán a madurar en su fe y a desarrollar la vida abundante que Jesús prometió.

7

Segunda base: Cómo ganar con los demás

¿CUÁLES SON ALGUNOS de sus momentos favoritos de la vida? ¿Aquellos que le produjeron un gran gozo? ¿Aquellos que tuvieron gran importancia? ¿Los más memorables o divertidos? ¿Tiene en mente dos o tres? De acuerdo, ahora responda esto: ¿cuántos de ellos tienen que ver con personas?

COMUNIDAD
La base social

Fue el mejor de los tiempos, fue el peor de los tiempos

Yo no sé usted, pero todos mis momentos favoritos giran en torno a personas. Momentos como cuando construimos 12Stone.

138

Luego de años de batallar en muchas instalaciones rentadas, en nuestro séptimo año nos mudamos a un edificio de diez pies cuadrados (929 m^2), con 175 personas. El día de la inauguración llenamos hasta el tope el salón de 250 asientos. Sacamos cada silla que teníamos y las colocamos en el lobby. Servimos a 501 personas, incluyendo adultos, alumnos y niños. ¡Finalmente nos abrimos camino! Todos habían trabajado muy duro para hacerlo posible. Hubo una gran celebración de gratitud con Dios y con nuestros grandiosos voluntarios. ¡Nunca lo olvidaré!

Pienso también en el día de mi boda. Nosotros pensábamos que lucíamos tan bien ese día, pero ahora las fotografías son una fuente de humor para nuestros hijos. Marcia tenía un peinado de la década de 1980; yo llevaba el cabello a la afro.

Y el nacimiento de cada hijo es un recuerdo atesorado. También lo son las vacaciones familiares cuando todo resultó bien, así como cuando todo salió mal. Como el día en que fuimos al desierto Pintado de Arizona con algunos amigos y planeamos hacer un día de campo. Era parte de un viaje de diecisiete días en una caravana desplegable al Gran Cañón y de regreso. Nos salimos demasiado del presupuesto para obtener comida muy buena para el día de campo. Escogimos los cortes más costosos que tenía la tienda y los empacamos en nuestra nevera portátil de alta tecnología que podía enfriar o calentar. Todo lo que tuvimos que hacer era empatar azul con azul para enfriar o rojo con rojo para calentar.

Horas más tarde, cuando llegamos al lugar del día de campo y sacamos la nevera portátil del todoterreno de nuestros amigos, ¿sabe qué encontramos? Lo adivinó. Mi amigo había confundido los colores y había calentado el contenido en lugar de enfriarlo. Todo el almuerzo era desagradable, la carne estaba asquerosa y lo tiramos todo. Fue el peor día de campo, pero uno de nuestros mejores recuerdos y una historia favorita para contar en los años siguientes.

Cada una de las mejores experiencias de mi vida involucra a otras personas. Ahora responda esto: ¿cuáles son las tres cosas de su vida que más le duelen? ¿Las experiencias que conllevan decepción o dolor? Si usted es como yo, otra vez, estas experiencias tienen que ver con personas. Y a veces las mismas relaciones que proporcionan gozo, también causan angustia. De palabras duras a sentimientos heridos, de traición al divorcio, del distanciamiento a la muerte, las relaciones pueden producir mucho dolor así como traen felicidad.

No creo que sea exagerado decir que los mayores logros de la vida y las más grandes decepciones tengan que ver con otras personas. Y gran parte de ese gozo y de ese dolor lo creamos nosotros en la forma en que desarrollamos las relaciones.

Si pudiéramos ganar en las relaciones y vivir en comunidad con amor, paz y armonía, ¡la vida sería fantástica! En los círculos de la iglesia, a menudo se dice que el ministerio sería fácil si no fuera por la gente. Pero eso parece ser cierto en todos los aspectos de la vida:

El liderazgo sería fácil si no fuera por las demás personas.

El trabajo sería fácil si no fuera por las demás personas.

La familia sería fácil si no fuera por las demás personas.

La *vida* sería fácil si no fuera por las demás personas.

¿Por qué son tan difíciles las relaciones? Porque la mayoría somos personas quebradas. Somos imperfectos. Todo el mundo tiene lesiones, heridas y dolor con los que ha tenido que lidiar en la vida, y los llevamos a nuestras relaciones. Eso dificulta las relaciones.

> ### *La perspectiva de John*
>
> Los mayores desafíos y las más grandes recompensas de mi vida y mi liderazgo han venido de la gente. Como líder, reconozco que los valores más apreciados de cualquier organización son las personas. Pero eso solamente si son apreciados... y desarrollados. A veces, eso significa ayudarlos a adquirir nuevas habilidades. Otras veces significa ayudarlos a superar obstáculos emocionales o relacionales. Eso puede ser difícil, pero pocas cosas en la vida son más gratificantes que ayudar a los demás a alcanzar su potencial.

Herir a la gente

Cuando empecé mi carrera en el ministerio a tiempo completo a mediados de la década de 1980, los ideales de dirigir una iglesia dieron paso a las realidades. Uno de los descubrimientos más definitorios fue que las personas heridas hieren a la gente y son fácilmente heridas. La gente lastimada agrede. Aunque este sentimiento parece haberse vuelto más común en años recientes, fue una idea fresca y nueva hace veinticinco años. Y descubrirlo cambió mi perspectiva de la vida y de las relaciones.

En el capítulo 2 mencioné que mi familia se separó con el divorcio de mis padres. Esto fue algo que se había estado fraguando durante largo tiempo, desde la época en que mis padres estaban en la preparatoria y mi madre se embarazó. Ambos dejaron la escuela sin graduarse. Para cuando mamá tenía veintiún años, ella tenía tres niños menores de tres años. Yo fui el tercero.

Su falta de sabiduría y preparación, combinadas con su propio bagaje continuaba apilándose. Aunque papá se acercó a Cristo, él nunca reconoció sus pecados secretos. Era como la gota, la gota que creó un socavón. Finalmente, eso erosionó la relación lo suficiente para crear un derrumbe.

El divorcio se finalizó cuando yo tenía doce años, y la familia se separó. Mis dos hermanos mayores se fueron con papá. Eso me marcó, pero en ese tiempo yo no sabía que eso me había herido.

Tuve que convertirme en padre antes de comprender la acusación que alguien me hizo: "Tú tienes problemas con la paternidad".

Yo no lo sabía entonces, pero ahora reconozco que cuando un chico está en las etapas de desarrollo de la masculinidad, y el padre que se supone que debe invertir en él no lo hace, eso deja al niño emocionalmente hambriento y famélico. Como consecuencia, el chico no logrará desarrollar "músculos" relacionales sanos, y será menos capaz de sostener relaciones significativas que alguien con un trasfondo sano.

Cuando estaba en la adolescencia y a los veintitantos años, no sabía cómo tener relaciones sinceras y sanas. Y como una persona herida, intentaba herir a otras personas, porque me enfadaba fácilmente, me sentía inseguro y siempre tenía algo que probar. Además, tendía a ser fácilmente lastimado por los demás. Después de los veinticinco años, aunque sucedieran cosas intrascendentes, a menudo me encontraba diciendo: "¡Esa persona me lastimó!".

Finalmente comencé a darme cuenta de que las demás personas no eran el problema. Yo lo era. Para ayudarme a comprenderlo, Dios me dio una imagen. Me trajo a la memoria la vez en sexto grado en que me clavé una astilla en el dedo meñique. ¡Lo escondí de mis padres, porque papá habría tomado un cuchillo y me la habría sacado! Yo detestaba el dolor. De manera que la dejé ahí y esperé a que se mejorara. Pero usted adivinará lo que sucedió. Se volvió roja, se enconó y se hinchó a medida que la infección se extendía.

Cuando uno de mis hermanos apenas me rozó—algo que una persona sana ni siquiera notaría—, yo grité: "¡Ay! ¡Me lastimaste!".

Cuando mi mamá lo escuchó, quiso saber qué había sucedido, y entonces todo se puso feo. Papá se volvió cirujano en la mesa de la cocina y me la sacó. Solo que esta vez todo estaba tan sensible que siquiera tocarlo me dejó en lágrimas. Fue un día que detesté y nunca olvidaré. ¿Mi hermano que apenas rozó mi dedo lastimado realmente me hizo mal? No. Pero el dolor que experimenté de todas formas fue real.

Esto es similar a lo que sucede en nuestras relaciones. Del

matrimonio a la familia, del trabajo a la iglesia, mucha gente ha desatendido y maltratado las heridas emocionales que les causaron ser exageradamente sensibles en un área de la vida. Y eso es lo que me sucedió a mí. De adulto, yo cargué con la herida del divorcio de mis padres como la astilla de mi dedo. Como consecuencia, mis interacciones con otras personas a menudo eran tensas y disfuncionales.

Una vez que comprende esta dinámica, usted puede averiguar por qué las personas heridas emocionalmente reaccionan de manera exagerada, y puede no tener nada que ver con su situación real. Ellos agreden o se retraen debido al dolor que sienten. Y no se engañe: el tiempo no sana las heridas. Cuando el dolor emocional se deja sin tratar, la herida a menudo se vuelve más profunda. Emocionalmente hablando, esta desciende hasta la disfunción. Por lo tanto, ganar en segunda base comienza al admitir que somos personas imperfectas con algún tipo de herida emocional que necesita ser sanada. *Pero también necesitamos ver el modelo de relaci*ones *sanas y emularlas.*

John me ayudó bastante con esto. Él ha modelado relaciones sanas. Él me ha guiado a través de parte de mi disfunción. Y ha escrito libros que me han ayudado mucho en este aspecto, entre ellos: Relaciones 101, Los cinco niveles del liderazgo y *Las 17 leyes incuestionables del trabajo en equipo.* Otros dos libros que me han parecido invaluables son: *Personas seguras* y *Límites*, de Henry Cloud y John Townsend. Se ha requerido de bastante trabajo duro, pero con la ayuda de Dios, he sanado de las que me dañaron emocionalmente, y como resultado han mejorado las relaciones de cada área de mi vida. Si usted tiene heridas, posiblemente necesite hacer lo mismo.

Disfuncional hasta la médula

Piense en la familia más disfuncional que haya conocido. No importa cuán malos eran, apuesto a que no se comparan con la familia más disfuncional que se registra en la Escritura: la familia de Jacob.

Nosotros tendemos a hablar de personajes bíblicos con una clase de asombro, enfocándonos en las partes destacadas de su vida. Es cierto que Jacob oró y Dios se manifestó en persona. El hombre luchó con Dios. Él fue bendecido y Dios le cambió el nombre, llamándolo Israel a partir de ahí, porque era un hombre transformado. Sus hijos fueron los padres de las doce tribus de Israel. La suya es una historia de mendigo a millonario; pasó del empobrecido exilio a una increíble riqueza con el favor de Dios sobre él. ¡Caramba! ¡Qué currículo!

Pero hay otro lado de su historia que no siempre es agradable; y tiene lecciones que enseñarnos acerca de las relaciones. El primer "éxito" registrado de Jacob fue la manipulación de su hermano, Esaú, para poder quitarle sus derechos de hijo mayor.[1] Más tarde, Jacob le mintió a su padre y lo engañó —con la ayuda de su madre—, para poder recibir la bendición del primogénito. Esaú deseaba matarlo por eso, y Jacob tuvo que escaparse de casa para sobrevivir.[2] Y terminó viviendo con su tío. Eso no me suena a una familia tranquila y funcional. ¿Y a usted?

La vida de Jacob en su nueva ubicación no era mucho mejor. Ahora tendemos a ver mal a alguien que tiene hijos con múltiples parejas, no obstante, eso describe a Jacob. Él tuvo hijos con cuatro mujeres distintas. Y esas cuatro mujeres estaban en constante competencia una con la otra, una característica que les transmitieron a sus hijos. Los doce hijos fueron culpables de traición,[3] adulterio[4] y asesinato.[5] Su rivalidad fraternal era tan fuerte que los llevó a vender en esclavitud al hermano que Jacob más amaba. Eso suena bastante disfuncional, ¿no?

¿Qué estaba haciendo Jacob mientras sus esposas y concubinas, junto con sus hijos, estaban creando este caos? Casi siempre estaba trabajando. Él era un clásico corredor de tercera base. Pasó la mayoría del tiempo construyendo su carrera y su fortuna. Al trabajar duro y construir sus rebaños, se volvió muy adinerado. Génesis 30:43 dice: "De esta manera Jacob prosperó muchísimo y llegó a tener muchos rebaños, criados y criadas, camellos y asnos".

Sin consuelo

Jacob tenía casi todas las posesiones materiales que una persona desearía durante su tiempo. Tenía el favor de Dios. Tenía riqueza. Tenía respeto. Tenía varios hijos y nietos, señales de bendición durante su tiempo. A pesar de todas esas cosas, no estaba satisfecho. ¿Por qué? Porque sus relaciones familiares estaban bastante quebrantadas.

Cuando sus once hijos le mintieron y le dijeron que José estaba muerto, Jacob se sintió devastado. La fórmula para el éxito terrenal más el favor de Dios no fue mayor que el dolor de las relaciones rotas. Cuando le dijeron a Jacob que José estaba muerto, así es como respondió el padre: "Y Jacob se rasgó las vestiduras y se vistió de luto, y por mucho tiempo hizo duelo por su hijo. Todos sus hijos y sus hijas intentaban calmarlo, pero él no se dejaba consolar, sino que decía: 'No. Guardaré luto hasta que descienda al sepulcro para reunirme con mi hijo'. Así Jacob siguió llorando la muerte de José.[6] Ni su fortuna, ni el favor de Dios, ni los intentos de los demás por consolarlo pudieron aliviar la herida ni solucionar el dolor de perder a alguien que amaba. Todos los éxitos de Jacob no significaron nada para él cuando envejeció. Incluso a los veinte años de perder a José, él continuaba sintiendo los efectos. Los hermanos de José también continuaban sintiéndolo. Cuando visitaron Egipto para comprar comida y sin saber se encontraron con José, Rubén dijo: "Yo les advertí que no le hicieran daño al muchacho, pero no me hicieron caso. ¡Ahora tenemos que pagar el precio de su sangre!".[7] Tan pronto como experimentaron problemas, lo *primero* que les vino a la mente fue lo que le habían hecho a José. El tiempo no había sanado la herida.

De manera irónica, cuando sus hermanos vendieron a José a esclavitud, ellos pensaron que eliminar a José los acercaría más a su padre. En cambio, eso lo alejó más de ellos. Cada día de su vida, el engaño acerca de José debió haber sido como un elefante en una habitación. Debieron haber pensado al respecto todos los días de su vida. El dolor de Jacob probablemente siempre estaba bajo la superficie, listo para irrumpir, como lo hizo el día que sus hijos regresaron a casa de Egipto sin Simeón, y diciendo que necesitaban llevar a Benjamín de vuelta con ellos.

> "Entonces Jacob, su padre, les dijo: ¡Ustedes me van a dejar sin hijos! José ya no está con nosotros, Simeón tampoco está aquí, ¡y ahora se quieren llevar a Benjamín! ¡Todo esto me perjudica! [...] ¡Mi hijo no se irá con ustedes! —replicó Jacob—. Su hermano José ya está muerto, y ahora sólo él me queda. Si le llega a pasar una desgracia en el viaje que van a emprender, ustedes tendrán la culpa de que este pobre viejo se muera de tristeza".[8]

¿Qué lección podría enseñarnos Dios a partir de la historia de la familia de Jacob? ¿Y si Dios estuviera intentando mostrarnos que si no enderezamos las relaciones de segunda base, nuestra vida estará llena de dolor? Solamente después de que José y sus hermanos hablaron acerca de lo que había sucedido hubo perdón; solamente después de que vieron las cosas desde la perspectiva de Dios su familia pudo comenzar a sanar.

El elefante en la habitación

Dejar sin resolver los problemas relacionales es como vivir todos los días con un elefante en la habitación. Supongo que usted está familiarizado con esta metáfora. La idea sugiere que si un elefante real estuviera parado en la habitación, sería tan obvio y absurdamente ilógico que *tendría* que ser el tema de discusión. Ignorar el elefante y dejar de abordarlo requeriría que todos pretendieran no verlo. ¡Qué absurdo! ¡Un elefante es enorme! Si estuviera en una habitación, no solo estorbaría, sino también apestaría todo lo de la habitación. Sería imposible vivir con un elefante de verdad en su casa y pretender que todo está normal.

No obstante, muchas familias lo hacen todo el tiempo. Alguien en su mundo es física o verbalmente ofensivo, consume drogas, se emborracha, acumula cosas, gasta incontrolablemente o muestra algún otro tipo de comportamiento destructivo, y todos los demás pretenden que nada malo está sucediendo. Ignoran el problema y esperan que desaparezca. Pero eso no funciona. Y si alguien externo a ese mundo disfuncional señala el elefante, decimos: "¿Elefante? ¿Cuál elefante? Yo no veo ningún elefante". Ponemos una cara falsa. Nos volvemos menos auténticos con los demás y comenzamos a vivir en un mundo de fingimiento. Compensamos por el elefante de la habitación. Decimos que todo está bien; pero en lo profundo, tenemos sentimientos encontrados porque nuestras relaciones están sufriendo, y nosotros también. Nuestra familia está dañada por los problemas con los que nos negamos a lidiar, a medida que la disfunción crece y nosotros permanecemos callados.

No hace mucho tiempo hice una serie de sermones acerca La familia Bien. Usted probablemente conozca a este tipo de personas. Pregúnteles cómo les está yendo, la respuesta es: "Bien". ¿Cómo está su matrimonio? "Bien". ¿Cómo les está yendo a los niños? "Bien". El problema es que no están bien de verdad. Tienen un elefante en la habitación, pero en lugar de lidiar con él, lo convierten en la mascota de la familia. Es por ello que durante la serie de sermones, les entregamos pegatinas para que la gente colgara en la ventana de su coche que lucían así:

La familia bien

Todavía sigo viendo a gente por la ciudad con estas pegatinas en la ventana trasera de su coche.

Realicé la serie, porque demasiadas personas pretenden no tener problemas —especialmente la gente de la iglesia—. Pero todos tienen problemas. Y todas las familias tienen problemas con los que lidiar. La pregunta es si lidiarán con ellos o no. Las familias sanas atacan el elefante de la habitación y se ocupan de su disfunción. Irónicamente, normalmente es la familia que está dispuesta a confesar que no están bien y ocuparse de las cosas, aquella que de verdad resulta estando bien. Se vuelven plenos cuando se convierten en una familia sin elefantes.

La perspectiva de John

Todas las relaciones sanas están basadas en la verdad y la confianza. Para que una relación sea sólida, la gente necesita ser sincera mutuamente. Eso no solo significa ser sincero con respecto a sí mismo. Significa ser sincero con los demás. Efesios 4:15 nos aconseja hablar la verdad en amor unos con los otros. No podemos controlar la respuesta de otra persona ni el resultado de una conversación sincera. Pero si ponemos sobre la mesa los problemas de manera sincera con los demás, e intentamos resolverlos a la manera de Cristo, nos damos la mejor oportunidad de construir relaciones fuertes, sinceras y sanas.

Sanidad para la familia de Jacob

¿Cómo es que la familia de Jacob finalmente se volvió más estable y capaz de funcionar en su relación? Una persona se volvió sana y estuvo dispuesta a hablar acerca del elefante de la habitación. Esa persona fue José. Cuando era adolescente y le contó a su familia sus visiones de superioridad, él fue arrogante y egoísta. Aunque posiblemente no estaba consciente de ello, él realmente pensó que todo se trataba de él. Deseaba y esperaba ser servido por todos los de su familia.

La esclavitud en Egipto le enseñó humildad. Además le ayudó a aprender a servir a los demás. Es difícil ser arrogante cuando se es esclavo: una propiedad. Primero en la casa de Potifar y luego en la prisión, aprendió a darle a Dios la gloria, a ser paciente y a ver la vida desde la perspectiva de los demás. Se permitió ser quebrantado y reconstruido de acuerdo con las prioridades de Dios. Aprendió a ganar en el *home* y en la primera base. Y décadas más tarde, cuando finalmente tuvo la oportunidad de ver a su familia de nuevo, él dio su opinión acerca del elefante de la habitación, diciendo:

> Yo soy José, el hermano de ustedes, a quien vendieron a Egipto. Pero ahora, por favor no se aflijan más ni se reprochen el haberme vendido, pues en realidad fue Dios quien me mandó delante de ustedes para salvar vidas. Desde hace dos años la región está sufriendo de hambre, y todavía faltan cinco años más en que no habrá siembras ni cosechas. Por eso Dios me envió delante de ustedes: para salvarles la vida de manera extraordinaria y de ese modo asegurarles descendencia sobre la tierra. Fue Dios quien me envió aquí, y no ustedes. [9]

La gente sana con un carácter fortalecido por Dios habla acerca de sus problemas. No fingen. No se esconden. No se escapan de la confrontación sana. No evitan sus problemas y esperan que desaparezcan. Los abordan y trabajan duro para resolverlos. Lidiar con sus propios problemas de carácter y depender de Dios nos da confianza para atacar los problemas relacionales.

¿Cómo cambiaría su vida si hablara acerca del elefante de la habitación para que pudiera vivir con relaciones sin elefantes? ¿Qué si eso es lo que se necesita hacer para colocar a su familia u otras relaciones importantes de camino a la sanidad y la restauración? No es fácil. No nos gusta ser vulnerables. No nos gusta estar equivocados. No nos gusta decir lo siento y pedir perdón. No obstante, si tenemos problemas relacionales, esto es lo que necesitamos hacer. Debemos superar nuestra inclinación natural hacia el fingimiento, identificar nuestros problemas y trabajar humildemente para abordar nuestra parte en ello.

Cómo ganar la segunda base

Una actitud de humildad y una disposición para cambiar son enormes si deseamos ser exitosos en la base de la comunidad. Pero, ¿qué debemos hacer específicamente para construir relaciones? Esa es una pregunta difícil, porque hay demasiados tipos de problemas relacionales con bastantes raíces, los cuales resultan en toda clase de quebrantos. Es un poco como el campo de la medicina. ¿Cuántos tipos diferentes de enfermedades existen? ¿Cuántas especialidades hay? Incluso hay especialidades dentro de las especialidades. Hacer un tema complicado todavía más difícil es el hecho de que entre más tiempo haya estado quebrantado, es más complicado sanar la herida. ¿Cómo es que un libro como este puede ayudar con un problema tan complicado?

La perspectiva de John

¿Sabe cómo entrena el gobierno a los representantes de la Tesorería para reconocer dinero falso? Lo crea o no, no estudian las falsificaciones. Estudian lo verdadero. Los representantes pasan incontables horas examinando y tocando billetes de verdad para que familiarizarse completamente con ellos.

Si usted tiene un trasfondo accidentado o dificultades con sus relaciones, entonces necesita rodearse de gente sana. Necesita familiarizarse con lo que es correcto y normal, para poder tener modelos que pueda emular.

No intentaré diagnosticar y abordar las diferentes clases de quebranto. En cambio, ofreceré sugerencias acerca de cómo entrenar para la salud y el buen estado relacional. Tal como todos los buenos programas que promueven el bienestar físico tienen algunas acciones esenciales en común —comer bien, mantenerse activo, beber mucha agua y dormir suficiente—, un buen programa que promueve relaciones sanas requiere de unos cuantos fundamentos. Aquí hay cuatro de los que creo que son esenciales.

1. Valore a los demás más que a sí mismo

Dios nos construyó para estar en comunidad. Estamos diseñados para estar en relaciones. Pero la realidad del egoísmo natural debido al pecado arruina incluso las mejores intenciones. Necesitamos reconocerlo y lidiar con ello apropiadamente.

Cuando me casé con Marcia, el 7 de agosto de 1982, yo prometí amarla. Ese fue un voto fácil de hacer, porque lo sentía fuertemente y esperaba que creciera con los años y durara toda la vida. Incluso tuve la motivación adicional de provenir de una familia quebrantada, de manera que estaba determinado a hacer que el matrimonio funcionara. Pero luego de solo dos años juntos, me preguntaba cómo le habían hecho mis padres para llegar a los dieciséis. A menudo me encontraba pensando: *¡Asombroso, me casé con una mujer necia y egoísta.* Y supongo que ella estaba pensando: *¡Asombroso, me casé con un hombre necio y egoísta!*

La mayoría de las parejas casadas han pensado eso de su cónyuge. La mayoría de los familiares han pensado eso acerca de otros miembros de la familia. Los amigos han pensado eso de otros amigos. Es normal, pero no es útil. Y lo que pensaba de Marcia amenazaba con arruinar nuestro matrimonio, a menos que algo cambiara.

¿Qué necesitaba cambiar? Mi mente. ¿En qué necesitaba cambiar? Filipenses 2:1-4 dice: "Por tanto, si sienten algún estímulo en su unión con Cristo [...] llénenme de alegría teniendo un mismo parecer, un mismo amor, unidos en alma y pensamiento. No hagan nada por egoísmo o vanidad; más bien, con humildad consideren a los demás como superiores a ustedes mismos. Cada uno debe velar no sólo por sus propios intereses sino también por los intereses de los demás". Yo conocía estas palabras. Muchas veces había leído estas enseñanzas. Y las creía. ¡Solo deseaba que Marcia fuera quien las practicara primero! ¿No todos esperamos eso de nuestro cónyuge?

Pero entonces algo sucedió. Tuvimos otra discusión y otra vez perdí los estribos. Pero esta vez, levanté la mano como si estuviera amenazando con golpearla. Ella me miró con una mirada penetrante y dijo: "Adelante, *pastor*, golpéame".

No lo hice, y nunca lo he hecho. Pero en ese momento me di cuenta de que no podía echarle la culpa de mi mal genio a nadie —ni al ejemplo de mi padre, ni al antagonismo de mi esposa—. Necesitaba aceptar mi egoísmo y crecer, si deseaba ganar en mi matrimonio y en mis otras relaciones.

A partir de ese incidente, finalmente estaba comprendiendo Efesios 5:21 como si fuera la primera vez: "Sométanse unos a otros, por reverencia a Cristo". De alguna manera, Dios llamó mi atención con este versículo y lo utilizó para transformar mi modo de pensar acerca de las relaciones. Yo había estado perpetuamente atrapado en una batalla de voluntades en mi matrimonio y con los demás. Pero este versículo me ayudó a comenzar a ver mi matrimonio de otra manera. Imaginé un triángulo con Dios en la cima y con Marcia y yo en las otras esquinas. Si yo me ocupaba de someterme a Dios primero y acercarme a Él, entonces ascendería en el triángulo. Cuando Marcia hiciera lo mismo, ella ascendería en el triángulo. Y esta es la simple y profunda revelación que Dios me dio. Entre más nos acercáramos a Dios, más nos acercaríamos el uno al otro.

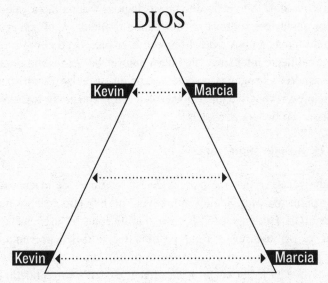

La idea es la *mutua sumisión voluntaria*. Yo tenía que colocar a Marcia por encima de mí mismo y servirla sin esperar a que ella me sirviera primero. Tenía que someterme a ella. Ella tenía que hacer lo mismo conmigo. En nuestro matrimonio descubrimos que si podíamos hacer que Dios fuera nuestro enfoque y poseer una mentalidad de sumisión a Dios y a nuestro cónyuge, podríamos cerrar los huecos entre los tres. Esa ha sido la receta de Marcia y mía para primero salvar y luego construir y sostener nuestro matrimonio.

Este concepto de *mutua sumisión voluntaria* que nace de la reverencia a Cristo cambió todo para mí. Impactó cada relación de mi vida. Cambió mi manera de vivir el matrimonio. Cambió mi manera de dirigir la junta de la iglesia. Cambió la manera en que trataba al personal. Cambió mi manera de realizar el liderazgo en equipo. Ya no tenía que pelear solo. Me sometí a Dios e intenté valorar a los demás como Dios me valora a mí. Me cambió la vida.

Usted no tiene que estar casado para aprender esta lección o para aplicarla. La vida de José es un ejemplo. Él se sometió a Dios, dándole todo el crédito de sus logros. Y aprendió a valorar a los demás por sobre sí mismo. Como resultado, continuó acercándose más a Dios todo el tiempo. Y cuando llegó el momento de finalmente interactuar de nuevo con sus hermanos, no estaba pensando en venganza, aunque estaba en su poder. Estaba pensando en reconciliación. Se acercó a sus hermanos y los sirvió aunque no tuviera que hacerlo.

2. Dé más de lo que tome

Hubo veces en que me marché de las reuniones de orientación con John Maxwell y me sentí, bueno, no hay otra palabra más que *tonto*. Esa nunca fue la intención de John. Él escuchaba lo que yo pensaba que era una profundamente difícil pregunta, y luego proporcionaba una respuesta profundamente simple. Eso es lo que la experiencia de la vida y el éxito en el liderazgo tienen el poder de proporcionar. Puede resumir los problemas a un enunciado de Twitter con el poder de resolver problemas del tamaño de la vida.

Durante una sesión con John, yo estaba luchando con problemas importantes de relaciones. Estaba frustrado con el toma y daca de las relaciones. Me estaba preguntando cómo llevar la cuenta y cómo evitar que otros se aprovecharan. Ahí fue cuando él me ofreció su revelación millonaria: "Siempre da más de lo que tomes".

Yo sé que puede no sonar profunda. Posiblemente sea por eso que es mucho más fácil decirlo que vivirlo. Pero he visto a John practicarlo una y otra vez, en particular con su esposa, Margaret.

Él lo hizo verse simple. De manera que prometí intentar hacer lo mismo, intentar dar más de lo que tomo, momento a momento, día a día.

Si usted desea hacerlo, mi consejo es que comience con las cosas pequeñas. Puedo mostrarle cómo con un *bagel*. Esto es lo que quiero decir: cada ocho días me tomo el jueves como día libre (recuerde que los pastores trabajan los fines de semana). Muchos jueves, Marcia y yo dejamos a Jadon en la escuela y luego nos dirigimos al gimnasio juntos para hacer ejercicio. Pero antes del ejercicio, nos detenemos en una tienda de *bagels* para compartir un emparedado de jamón, huevo y queso en pan integral con miel, y un *bagel* de canela con queso crema de almendras y miel.

En cada ocasión, Marcia se sienta en una mesa y yo recojo los *bagels* en el mostrador. Cuando me dirijo a la mesa, observo los *bagels* para averiguar cuál es la mejor mitad: la más grande, la que tiene más canela y azúcar; usted me entiende. Luego, alegremente coloco las mejores mitades en la servilleta de Marcia sin comentarios ni fanfarrias.

Eso es todo. Es muy simple. Pero la mayor parte de los problemas de las relaciones podrían ser resueltos con decisiones tan simples. Darle a alguien más la mejor mitad. Procurar los intereses de alguien más en lugar de los suyos. Cuando lo hace en la vida, las relaciones funcionan. Cuando no lo hace, las relaciones se arruinan. Todos tendemos a tomar más de lo que damos, y eso crea problemas.

Una de las lecciones que John me ha enseñado y que se ha entretejido en mi vida, es la idea de añadirle valor a los demás. He visto su compromiso y ha dejado una profunda impresión en mí.

La perspectiva de John

Desde que recuerdo, siempre me ha preocupado la gente. Pero no siempre supe cómo proporcionarle valor. Al principio de mi carrera, yo estaba más preocupado por llevar a cabo mi visión de lo que estaba por ayudar a los demás. Yo pensaba: *¿Cómo puedo*

(continuado)

hacer que la gente me ayude con mis planes? Pero luego me di
cuenta de que esa era la manera equivocada de pensar. En lugar
de eso, me enfoqué en ayudar a la gente. Y descubrí que si les
daba valor a los demás, entonces eso también me proporcionaría
valor a mí.

Cuando maduré en mi liderazgo, también descubrí que la
mejor manera de desarrollar el liderazgo propio era desarrollar a
otros líderes, lo cual es otra manera de proporcionar valor. Ya esté
interactuando con un familiar, ya con un amigo, ya con un empleado,
un cliente o un consumidor, mi objetivo siempre es proporcionar
valor, dar más y hacerlo primero. Cuando lo hago y me preocupo
menos por la devolución, la relación mejora y todos ganamos.

Su vida y la mía están llenas de momentos *bagel* en casa,
en los negocios, en la iglesia y en el campo de juego. En esos
momentos podemos elegir proporcionarles valor a los demás.
Cuando enfrente aquellos momentos, ¿qué hará? ¿Tomará más
de lo que da, o dará más de lo que toma? Si hace lo último, eso
cambiará su vida.

3. Perdone lo que no pueda olvidar

Todo mundo ha sido desilusionado, defraudado o lastimado
por otras personas. Entre más importante sea esa persona para
usted, mayor y más profundo generalmente es el dolor. Además,
este mundo está lleno de injusticia, y la mayoría de nosotros ha
soportado indignidad a manos de alguien más. Es poco probable
que usted pueda llegar a los veintitantos sin recibir algunas cica-
trices de familiares y amigos. La pregunta es: ¿Qué hace con
eso? ¿Lleva la cuenta? ¿Guarda rencores? ¿Se concentra en el
dolor o se ocupa de perdonar a los demás y liberarse del residuo
tóxico de la amargura?

Como probablemente puede adivinar, el dolor más difícil que
he tenido que superar y perdonar provino del desmoronamiento
de mi familia. Cuando era pequeño, mis padres llegaron a la fe
en Cristo. De manera que durante los años de escuela primaria

uno de los lugares más importantes de mi vida era la iglesia. La iglesia a la que asistíamos tenía entre cien y doscientas personas, y mi papá estaba entre los líderes no ordenados. Por lo que de los cuatro a los diez años, papá hablaba acerca de Dios y la Biblia, y esperaba que nosotros abrazáramos los valores que él defendía.

A la vez, algo no estaba bien. Pronto, al parecer, su temperamento tomó el estrado, y se esperaba que estuviéramos callados y lo tratáramos con pinzas. Aprendimos a vivir con un elefante en la habitación.

Después del divorcio, papá me olvidó progresivamente. Me decía palabras como: "Te amo, hijo", pero sus acciones mostraban que sus palabras eran huecas. Cuando la familia se separó, él pasó de ser un poco pobre a ser completamente pobre. Yo veía a mi iletrada mamá batallar fuertemente para proveernos. Mientras tanto, absorbí responsabilidades emocionales que debieron haber sido de mi papá. Sentimientos de rechazo, abandono e impotencia se sellaron en lo profundo de mi interior y se volvieron mi nuevo estado normal. Nunca olvidaré cómo se sentía utilizar cupones para alimentos, vivir en una vivienda subsidiada por el gobierno y depender de la bondad de los demás para sobrevivir. Mi relación con mi papá se redujo a nada. Cuando teníamos encuentros ocasionales, él hablaba como un papá, pero no teníamos una relación verdadera. Yo comencé a tener resentimiento hacia él.

Yo estaba determinado a hacer algo de mí mismo, de manera que fui a la universidad un año antes, a los diecisiete años. La universidad fue una temporada difícil. Yo asistía a la escuela a tiempo completo, era voluntario en una iglesia y trabajaba veinte horas a la semana. Pero aun así me quedaba corto económicamente. Necesitaba $500 dólares o me saldría de la escuela. Me desesperé tanto que cuando fui a casa un fin de semana, me humillé y le pedí a mi papá un préstamo.

"Papá, necesito $500 dólares o tendré que dejar la universidad

—le dije—. No tengo dinero para las cuentas, ni para comida, ni para la renta. ¿Puedes ayudarme?".

Él me había recogido en su nuevo Lincoln Mark V, algo que su nueva esposa le había comprado, porque ella tenía algo de dinero. "Bueno, hijo —dijo él—. Ella tiene el dinero, así que no, no puedo ayudarte. Pero puedes pedírselo a ella".

Yo estaba asombrado. "¿Pedírselo a ella?". *Ella no es mi mamá*, pensé. *Ni siquiera la conozco. Se supone que tú debes ser mi papá. Tú todavía trabajas. Estoy pidiéndote ayuda a ti, no a ella.*

"Hijo, ella controla el dinero y tendrás que pedírselo a ella".

Bueno, me tragué mi orgullo un poco más y acudí a ella para el préstamo. Mi papá nunca me ayudó. Años más tarde, le compró a mi hermana un coche deportivo cuando cumplió dieciséis. Mientras tanto, yo luchaba en la universidad sin transporte, y a menudo solo tenía veinticinco centavos para comprar una caja de macarrones con queso para sobrevivir.

En esa temporada me di cuenta de que había un elefante en la habitación y yo no deseaba admitirlo. La verdad era que mi papá se amaba a sí mismo, pero no me amaba a mí. Yo había sentido que estaba por mi cuenta para averiguar cómo convertirme en un hombre desde los primeros años de adolescencia. Luego me di cuenta de que estaba solo en la vida. Aunque él era mi padre biológico, no se preocupó lo suficiente como para hacer algo por mí. Eso es algo que cargué a diario e impactó negativamente todas mis relaciones.

Después de los veinticinco, yo era pastor a tiempo completo, estaba casado y tenía dos hijos. Habiéndome convertido en padre, yo estaba frustrado con las decisiones de mi padre de desconectarse de mí. Luego, un día, mi padre me llamó por teléfono. No habíamos hablado en años.

"Hijo —me recriminó—, ¡no tienes idea de lo que es ser abuelo y no conocer a tus nietos!".

"Tienes razón —respondí—. No tengo idea. Y con la ayuda de Dios, nunca lo sabré. Porque habiéndome convertido en padre, no sé cómo es que tú pudiste desechar una relación conmigo, tu hijo. Te desentendiste emocionalmente, te llevaste a los otros dos hombres de la familia [mis hermanos] y me dejaste. No me ayudaste cuando intentaba convertirme en un hombre, cuando trabajé en la universidad y me levanté para convertirme en pastor. Tienes problemas serios, como lo indicaría tu encarcelamiento, y no sé lo que deseas de esta llamada. Pero si lo que deseas es una relación con tus nietos, sucederá solamente si primero restauras una relación conmigo. No traerás a ese elefante a nuestra casa. ¡De manera que comienza conmigo, no con ellos!".

Como se podrá imaginar, él jamás decidió hacer nada al respecto. Él podría decirle otra cosa, ya que todos tenemos nuestra propia perspectiva de la vida.

¿Qué aprendí de todo esto? No puedo aferrarme a mi resentimiento o este arruinará mis relaciones. No puedo cargar con la amargura o esta contaminará mi espíritu. No puedo vengarme o eso me haría abrazar el engaño. No puedo exigir justicia, porque yo tengo la misma necesidad de la misericordia y la gracia de Dios en mi vida. Por lo tanto, todo lo que puedo hacer es soltarle eso a Dios y perdonar lo que no puedo olvidar.

Yo perdoné a mi padre para cuando llegué a los treinta. Él no me lo había pedido, pero sabiendo que Cristo me ha perdonado por todo lo malo que he hecho, ¿qué más podría hacer? No fue sino hasta que comencé una relación de consejería con John, sin embargo, que me di cuenta cómo lucía alguien sin bagaje ni amargura. Al principio estaba escéptico. Pensé que debía haber algo. Sin que John lo supiera, investigué cómo había lidiado con tanta gente en la vida y el ministerio que le vomitaron su ira, traicionaron su confianza, le robaron o le mintieron. No encontré nada. ¿Cuál era su secreto. Otra vez, era simple: "Mantener cuentas cortas".

El consejo de John fue oro puro. No puedo decirle cómo ha cambiado todo en mi vida. Antes le llevaba la cuenta a todos. Ahora dejo ir las cosas. ¿Por qué es eso tan importante? La gente que mantiene cuentas cortas no carga un espíritu herido, de manera que no son lastimados fácilmente. No agreden. Confían y continúan proporcionándoles valor a los demás. Curiosamente, ¡terminan viviendo más libres que los demás!

Yo desearía darle este obsequio a usted: *Suéltelo, olvídelo, y lo que no pueda olvidar, ¡simplemente perdónelo!* Eso cambiará *todas* sus relaciones. Y si usted le ha hecho mal a los demás, arrepiéntase y pídales perdón.

Hace algunos años un hombre de mi congregación se me acercó y me dijo: "He escuchado las historias que usted ha contado acerca de su familia de pequeño. En cierto grado, lo que su papá hizo al desmoronar su familia y abandonarlo, yo lo he hecho con mi familia y mis hijos. Tengo demasiado remordimiento, ¿qué hago?".

Le di el mismo consejo: arrepiéntase. "Ahí es donde necesita comenzar —le dije—. Vaya con cada uno de sus hijos. Arrepiéntase auténticamente. Busque su perdón con humildad. Usted no puede controlar la respuesta de ellos, pero puede confesar su remordimiento. Y si es sincero, usted puede comenzar a cambiar". Donde hay perdón, siempre hay esperanza para reparar una relación rota.

4. Deje que Dios cambie a la gente

¿Qué si hace todo lo correcto en una relación y aun así sale mal? Muchas personas intentan cambiar o arreglar a la otra persona. Generalmente eso no funciona. De hecho, eso puede empeorar la relación al crear codependencia. ¿Entonces qué hace? Poner a la otra persona en las manos de Dios. Cambiar a la gente es responsabilidad de Dios, no la suya.

Los hermanos de José deseaban que él cambiara. Al no cambiar, ellos tomaron el asunto en sus propias manos. Tomaron acción, pero fue la acción inapropiada. Me imagino que cuando José estaba en la cisterna esperando a ser vendido como esclavo, estaba pensando: *¿Qué están haciendo? ¡Se supone que tienen que estar inclinándose ante mí!*

José cambió, pero solo cuando dependió de Dios. Y él no

cambió como sus hermanos deseaban, sino en la manera en que Dios quería. E irónicamente, aunque sus hermanos no hubieran elegido los cambios que Dios hizo, esos cambios eran exactamente lo que sus hermanos finalmente necesitaban y deseaban.

¿Usted desea un cambio? Dios puede hacerlo. Pero usted siempre necesita recordar que Dios ve a largo plazo. Él ve el panorama general. Si deseamos salirnos con la nuestra, nos encasillamos a nosotros y a los demás. Si decidimos seguir a Dios, Él nos cambiará. No podemos seguirlo y permanecer igual.

Si usted no está cambiando, necesita preguntarse si de verdad está siguiendo a Dios. Si dependemos de Dios y nos abrimos a lo que Él haga, entonces cambiaremos en maneras que solamente Dios puede pensar. Y Él usará esos cambios para su bien.

Lo mismo puede suceder con los demás. Dios puede cambiarlos. Y nos caería bien recordar que no podemos saber mejor que Dios en qué necesita cambiar otra persona. No sabemos cómo Él usará a alguien más. Debemos dejárselo a Dios.

La perspectiva de John

Si usted es líder, ¿cómo equilibra animar a otros, pedirles cuentas y permitir que Dios los cambie? Ese es un equilibrio difícil de lograr, en especial para un alentador optimista como yo. Yo veo lo mejor de la gente y pienso que puedo ayudar a cualquiera a mejorar. Esa es tanto una bendición como una maldición. La buena noticia es que me gusta ayudar y animar a los demás. La mala noticia es que soy terrible para contratar personas, porque pienso que cualquiera puede convertirse en un gran empleado. Cuando contrataba gente, a menudo creaba problemas para mis organizaciones, de manera que mis líderes dejaron de permitirme hacerlo.

Cuando se trata de trabajar con empleados, yo intento animar a todos. George M. Adams dijo que el aliento es "el oxígeno del alma". Todo mundo lo necesita. Pero también intento establecer expectativas claras. Déle a la gente objetivos claros y una fecha límite si no están desempeñándose bien. Si no logran satisfacer tales expectativas, déles una oportunidad de cambiar. En ese momento, depende de ellos y de Dios. Si no cambian, entonces es tiempo de hacer un cambio.

Tiéndale la mano a la gente

Algunas personas parecen ser naturalmente buenas para desarrollar relaciones. Gente como John Maxwell son maestros en ello. Otros tienen que trabajar por ello. Ese fue el caso de un amigo llamado Charlie Wetzel. Él llegó a 12Stone meses después del viaje en autobús. Charlie había sido creyente durante muchos años y venía de la iglesia de John Maxwell de San Diego, de manera que lo animé a entrar en el ministerio. Él comenzó a trabajar con uno de los miembros de mi personal en el área de grupos pequeños, en lo cual Charlie tenía varios años de experiencia.

No mucho tiempo después de que Charlie llegara, recuerdo haberlo visto en un evento para líderes de la iglesia en el que les pedí a los extrovertidos del lugar que fueran a otras mesas para presentarse. Cuando vi que Charlie no se levantó, lo amonesté: "¿Qué haces sentado? ¡Tú eres extrovertido!".

"No, soy introvertido —respondió—, pero me dará gusto presentarme".

Eso despertó curiosidad en mí por conocer la historia de Charle. Más tarde me dijo que creció como un niño tímido y cohibido con pocas habilidades sociales. Y él tampoco estaba consciente de sí mismo. A los treinta todavía no había empezado a tener tracción en la vida. Tendía a brincar de empleo en empleo —chef, maestro, decano universitario—. Tenía una sólida ética laboral y normalmente era bueno en el puesto, pero sus escasas habilidades sociales a menudo lo socavaban. Tampoco le fue mejor en sus relaciones personales. Pasó de una relación disfuncional a otra durante años.

Cuando cumplió treinta y un años, Charlie se mudó a California y se le dificultó encontrar empleo. Terminó vendiendo coches durante casi un año.

"¡Hablando de estirarse! —dice Charlie—. Yo era una persona introvertida que en realidad no sabía mucho acerca de dinero, y cada día tenía que hablar con extraños que me odiaban de apenas verme, ¡porque yo era vendedor de autos, y tenía que pedirles decenas de miles de dólares!".

¿Cómo llegó a vender coches? "Me senté en mi coche, discutiendo con Dios acerca de haber solicitado ese empleo. Yo no lo dodeseaba, pero sabía que Dios deseaba que lo solicitara. Cuando lo obtuve, yo me sentía feliz por tener un empleo e infeliz por tener *ese* empleo".

Resultó ser exactamente lo que él necesitaba. Vender coches le enseñó cómo acercarse a los extraños, charlar, hacer preguntas y escuchar de verdad a la gente.

"Es una de las mejores cosas que me han sucedido—dice ahora—. Cambió mi vida. Fue ahí donde finalmente aprendí a trabajar con la gente".

Trabajar como vendedor de coches fue solamente un comienzo. Eso cambió las habilidades de Charlie, pero no cambió de verdad lo que sentía por la gente. Eso sucedió en San Diego cuando estaba capacitándose para convertirse en líder de grupos pequeños. Ser un líder aprendiz realmente lo llevó fuera de su zona de comodidad. Su papel como líder espiritual lo forzó a involucrarse con la gente en otro nivel.

"Solía haber una batalla entre lo que sentía que *debía* de hacer y lo que deseaba hacer. Sentía que debía iniciar, conectarme con las personas y salir para ayudar, pero internamente tenía temor y deseaba contenerme—dice Charlie—. Pero llegó un momento en que me di cuenta de que todo lo que Dios hacía, lo hacía para la gente. Yo no podía ser un verdadero seguidor de Cristo sin preocuparme por la gente y construir relaciones. Esa comprensión me dio la valentía y la convicción para cambiar".

Dé un paso hacia el éxito

En el béisbol dicen que cuando se está en segunda base, se está en posición de anotar puntos. Eso también puede decirse de la base de la gente en el plan de Dios para la vida. Si usted se preocupa por la gente y es capaz de desarrollar relaciones sanas con ellos, entonces está en la posición correcta para ser exitoso con respecto a su familia, su comunidad y su carrera. Si una persona introvertida como Charlie, quien consideraba tener pocas habilidades sociales, pudo cambiar, usted también puede hacerlo.

¿Qué sucedería si colocara a los demás por encima de sí mismo? ¿Cómo cambiaría la relación con su cónyuge o con su pareja? ¿Qué sucedería si perdonara a la gente que lo ha lastimado en la vida? ¿Cómo cambiarían sus relaciones con sus familiares? ¿Cuán fácil le sería ser amoroso y dadivoso? ¿Qué sucedería si saliera de su camino para dar más de lo que toma y servir a los demás, y lo hiciera de corazón? ¿Cómo impactaría a sus compañeros de trabajo y a sus vecinos?

¿La respuesta? ¡Estaría de camino al éxito! Como nada más puede hacerlo, las relaciones pueden ser el trampolín para los resultados de la tercera base. Puede encontrar más al respecto en el siguiente capítulo.

La guía de aplicación de John

Preguntas para discusión

1. ¿Cuáles son sus recuerdos favoritos que tienen que ver con personas? Descríbalos. ¿Por qué son sus favoritos?

2. ¿Por qué piensa que las relaciones de la familia de Jacob fueron tan disfuncionales? ¿Le consuela saber que alguien a quien Dios usó comenzó donde José? Explique.

3. Hasta ahora, cuando ha experimentado conflicto o disfunción en una relación, ¿cómo ha respondido generalmente? ¿Qué se necesitaría para que usted siguiera el ejemplo de José y desarrollara relaciones de manera más sana?

4. La habilidad de valorar a los demás más que a sí mismo proviene del corazón. ¿Cuán difícil le es eso? Lea Romanos 12:3-5. ¿Qué puede percibir en este pasaje?

5. ¿En qué formas intenta dar más de lo que toma? ¿En qué áreas se le dificulta hacerlo? ¿Qué debe cambiar en usted para que viva ese valor en cada aspecto de su vida?

6. ¿Se le facilita o se le dificulta dejar que Dios cambie a los demás en lugar de intentar cambiarlos usted mismo? Explique.

Tarea

El perdón es el centro para mantener buenas relaciones en comunidad y ganar en segunda base. Usted debe estar dispuesto a pedir perdón, así como a darlo. Para acoger el perdón, lleve a cabo lo siguiente:

A. **Busque el perdón:** Separe tiempo para reflexionar acerca de las maneras en que ha lastimado a otras personas, ya sea intencional o accidentalmente. Luego haga una lista de personas a quienes deba pedirles perdón. Antes de acercarse a ellos, pase tiempo con Dios, pidiéndole que lo perdone y que le dé gracia para perdonarse a sí mismo. Luego de haber recibido el perdón de Dios, acérquese con humildad a cada persona de su lista en privado para confesarles su equivocación y pídales perdón. De ser apropiado, ofrézcales intentar enmendar las cosas. Recuerde que no puede ni debe intentar controlar su respuesta. Muchos lo perdonarán. Si alguien no lo hace, usted debe intentar estar satisfecho con haber hecho lo correcto y permitir que Dios cambie a la persona.

B. **Otorgue el perdón:** Como Kevin mencionó, todos hemos sido lastimados por los demás. Dedique tiempo para reflexionar en las heridas que recuerda que le han impactado negativamente. Regrese hasta donde tenga que hacerlo. Posiblemente desee escribirlo en su diario de oración. Una vez que ha traído a la mente las heridas, tenga una conversación con Dios al respecto. Cuéntele acerca de su dolor, su frustración y su desilusión. Llore, grite; haga lo que tenga que hacer para sincerarse con Dios. Luego pídale que le ayude a perdonar a cada persona —y a Dios— por las heridas emocionales, físicas y espirituales que ha recibido. Esto puede tomar tiempo. Si una persona de su lista le pidió perdón en el pasado y usted se negó a dárselo, entonces búsquelo y dígale que lo perdona.

8

Tercera base: Cómo obtener resultados

COMO REGLA EN nuestra sociedad, a la gente se le estima por su carrera y su éxito material. Eso parece suceder en los deportes y en Hollywood, en la política y en los negocios. Usted puede carecer de carácter, pero si tiene dinero, será envidiado. Si arruina su matrimonio pero construye su carrera, la gente lo llamará exitoso. Sin embargo, si hace crecer su matrimonio y su familia, pero su mundo laboral se atasca, la gente lo ignora. "Linda persona —dicen—, pero no ha hecho mucho". De ahí la importancia de recordar una de las verdades más transformadoras de la vida: Dios no lleva la cuenta como nosotros lo hacemos. De hecho, usted nunca tendrá una vida de jonrón hasta que comience a ver las cosas desde la perspectiva de Dios.

COMPETENCIA
La base del desempeño

A Dios le gusta hacer crecer las cosas

¿Entonces Dios está contra el éxito? ¿Esa es la conclusión? No creo que alguien pueda dar un argumento lógico al respecto. Dios es el autor del éxito. Él es el creador y le gusta hacer crecer las cosas. Si nunca antes lo ha pensado de esta manera, considere lo que nos dice Génesis: "Dios, en el principio, creó los cielos y la tierra".[1] La Escritura continúa explicando cómo creó Dios la vegetación: plantas y árboles. Creó criaturas vivientes conforme a su especie. Creó a los seres humanos. Y en nosotros puso la capacidad de reproducirnos. El proceso de crecimiento y de mejora está entretejido en lo que hace al mundo lo que es.

A Dios también le gusta hacer crecer a la gente. Adán y Eva fueron las únicas personas de la historia que comenzaron la vida completamente formados. A todas las demás personas les tomó nueve meses (más o menos) en el vientre y dieciocho años en el mundo para llegar a la adultez. ¿Qué si Dios está usando todas estas cosas de la naturaleza para intentar enseñarnos cómo le gusta *hacer crecer* las cosas?

El crecimiento físico de los niños fue automático para casi todos. Sin embargo, las demás clases de crecimiento son opcionales. Dios nos muestra cómo puede funcionar y nos invita a ello. Pero nosotros tenemos que decidir si aceptamos o no la invitación. Nosotros podemos resistirla, pero si lo hacemos, vamos contra la manera en que vienen los resultados: a través del crecimiento.

Digamos que usted está interesado en tener un negocio. ¿Cuánto tiempo le toma desarrollarlo? Primero necesita saber cómo crear un producto y proporcionar un servicio. Eso lleva tiempo. Malcolm Gladwell sugiere que la gente que está en la cima de su profesión requiere de diez mil horas para desarrollar sus habilidades. Emprender un negocio también requiere de dinero. ¿Alguna vez ha pensado por qué la gente lo llama capital simiente? Porque saben que crear un negocio es un proceso de crecimiento. El dinero le ayuda a plantar la semilla para su negocio. Pero usted debe regar, desbrozar y fertilizar antes de que produzca una ganancia.

¿Cuánto tiempo toma desarrollar un equipo de fútbol que gane un Tazón? Para responderlo comience a buscar jugadores. Si la edad promedio de los jugadores es de veinticinco años, entonces se necesitan esos veinticinco años de entrenamiento y liderazgo para tener una persona lista para jugar en el equipo. Se requieren décadas en las que la organización debe financiar al equipo y prepararlo para sobresalir. Los entrenadores requieren toda una carrera para prepararse para entrenar. ¡Todo eso sucede antes de que la temporada ganadora siquiera comience!

En una temporada dada, los jugadores y los entrenadores deben desempeñarse bien por igual durante todo el campamento de entrenamiento, en todos los juegos de pretemporada y en los dieciséis juegos de temporada regular, solo para tener la oportunidad de llegar a las eliminatorias. Entonces el equipo tiene que ganarles a los demás mejores equipos para tener la oportunidad de llegar al gran juego. Haga todo eso y entonces tendrán que hacer más puntos que el otro equipo, el cual se ha abierto paso a través de un proceso similar. No hay ningún atajo. Es un largo y lento proceso, y no se puede hacer trampa.

¿Cuánto tiempo toma desarrollarse en un seguidor espiritualmente maduro de Cristo, en alguien que produzca ganancia al treinta, sesenta o cien por ciento para el Reino de Dios? Deseamos que la respuesta sea días, semanas o meses. La parábola del sembrador nos recuerda que Dios obra más lentamente. El pasaje dice que algunas personas tienen corazón duro y que posiblemente nunca se suavicen hacia Dios para recibir la semilla de su verdad. Otros reciben la semilla, pero nunca echan raíces ni crecen. A otros, sin embargo, les toma años desarrollar profundidad, pero su crecimiento se ahoga con la mala hierba de la preocupación o de la búsqueda del placer y la riqueza. Hay otro grupo diferente: aquellos que producen. ¿Cuánto tiempo les toma crecer, madurar y producir? Les toma años o décadas.

Nunca es orar y luego, *paf*, ya es maduro. Es un lento proceso de crecimiento.

Incluso a Jesús le llevó tiempo crecer antes de que su vida produjera los resultados para los que vino a la Tierra. Una vez que dejó la eternidad, creció en el vientre durante nueve meses. Esperó doce años antes de enseñar en los patios del templo. Estudió y se preparó hasta los treinta años antes de comenzar a enseñar como rabino. Seleccionó y capacitó a sus doce discípulos durante tres años antes de confesar públicamente que era el Mesías. ¿Jesús pudo haberse saltado todo el proceso de crecimiento? Posiblemente. Pero no lo hizo. Posiblemente estaba intentando enseñarnos algo. Si Dios mismo no se saltó el proceso de crecimiento, ¿por qué esperaríamos saltárnoslo nosotros?

Si deseamos volvernos competentes en nuestra carrera, necesitamos esperar crecer en ella. Aprender a correr las bases de la manera correcta requiere de tiempo y crecimiento. Y de igual manera aprender a ganar en tercera base. Dios nos creó para estar en un viaje de crecimiento toda nuestra vida. Mientras esté respirando, usted tiene el potencial de crecer a un nuevo nivel. Usted puede aprender algo. Puede formar sus talentos para que puedan llevarlo a un nuevo lugar. Puede tomar su liderazgo de un cinco a un seis, o de un ocho a un nueve. Puede volverse excelente en su labor. Y Dios desea que lo haga. A Él le importan los resultados.

Dios desea que crezcamos y triunfemos, pero a menudo oramos pidiéndole a Dios que nos dé una *recompensa sin el proceso*. Deseamos cosechar sin tener que comprar el terreno, arar la tierra, plantar la semilla, regar las plantas, desbrozar las plantas y esperar la temporada de cosecha. Nuestros deseos desafían la mera naturaleza del diseño de Dios en la creación y en nosotros. Dios desea que ganemos, pero espera que hagamos crecer nuestras habilidades, desarrollemos nuestros talentos y agudicemos nuestra competencia de liderazgo.

La pregunta es: ¿Nos daremos por vencidos en el proceso o nos volveremos personas productivas? Si usted es adicto al trabajo como yo, posiblemente sea adicto a los resultados. Tengo que confesar que con el tiempo he llegado a esperar que la vida sea cosecha, cosecha, cosecha, cuando está diseñada por Dios para ser: arar, plantar y cosechar. Ninguna vida es cosecha, cosecha, cosecha. La base del desempeño se trata acerca de *hacer crecer* los resultados consistentemente, no de obtenerlos instantáneamente.

Incremente su valor

En *El jonrón* he escrito mucho acerca de José, porque he aprendido mucho de él. Una de las cosas que me queda clara es que pasaron años de crecimiento para que José estuviera listo para cumplir su propósito. Cuando era niño, su sueño parecía importante. Para cuando había estado en Egipto durante una década, posiblemente había perdido de vista su sueño y se había olvidado de él. Pero Dios no lo había olvidado. A través de años de experiencias y pruebas, Dios estaba convirtiéndolo en un líder de negocios competente. Eso lleva tiempo. Siempre es más fácil *soñar* algo de lo que es *hacerlo*.

Cuando la mayoría de nosotros comprende la idea —ya sea una visión de Dios o una idea de negocios—, deseamos tomar el mando y poner en práctica la idea. Cuando José soñó que los demás se inclinaban ante él, él estaba listo para que sucediera *ese día*. Cuando yo recibí la visión de dirigir una iglesia, no deseaba esperar ni que nadie me dijera cómo hacerlo. Deseaba hacer que sucediera. Pero la realidad era que, como José, yo no estaba listo para dirigir. Y eso le sucede a la mayoría de las personas. Si usted desea aprender su oficio, necesita servir a alguien más. Como regla, si usted está en los negocios tiene que hacer dinero para alguien más, antes de poder hacerlo para sí mismo. Usted tiene que dirigir debajo de alguien más antes de poder dirigir a los demás. Necesita aprender el oficio.

A la mayoría no nos gusta eso. De hecho, estamos tan ansiosos de trabajar para nosotros mismos que explotamos o colapsamos cuando se requiere que trabajemos debajo de alguien más. Nos desilusionamos porque sentimos que no estamos siendo ascendidos con suficiente rapidez. (Por cierto, ¡a José le fue bien en la casa de Potifar y lo *relegaron* debido a su esfuerzo!). Con frecuencia sentimos que no obtenemos suficiente reconocimiento por nuestra contribución. Muchas personas se echan para atrás e intentan en otro lado, solamente para repetir el proceso. Van de trabajo en trabajo, esperando que sus condiciones laborales cambien, cuando la realidad es que *ellos* necesitan cambiar.

La perspectiva de John

Hace muchos años, mi sobrino, Troy, se mudó a vivir con Margaret y conmigo durante poco tiempo luego de terminar la universidad. Troy tenía una fuerte ética laboral y deseaba ser exitoso. Cuando aceptó un empleo con una empresa hipotecaria, me preguntó qué consejo le daría a un joven que apenas estaba comenzando su carrera. Yo le sugerí hacer tres cosas:

- Haz más de lo que se espera de ti diariamente. Le recomendé que siempre llegara al trabajo treinta minutos antes, almorzara en la mitad del tiempo destinado y trabajara treinta minutos después del tiempo de salida.

- Haz algo todos los días para ayudar a las personas que te rodeaban. Si les proporcionaba valor a los demás, podría ayudar a su equipo y ganarse a sus compañeros de trabajo.

- Esforzarse más por el jefe. Le dije que hiciera una cita con su jefe y le hiciera saber que si necesitaba que se realizara algo adicional—sin importar cuán insignificante fuera—él estaba disponible para ayudar.

Y eso significaba horas adicionales o fines de semana.

Troy aceptó mi consejo y trabajó duro. A los veintitantos años demostró cuánto valía y ascendió rápidamente. Para cuando cumplió treinta años, él ya era vicepresidente de la organización.

Yo experimenté insatisfacción de mi carrera a los veintitantos. Fui llamado al ministerio en la preparatoria. Aunque me hubiera gustado entrar directo en el ministerio, sabía que tenía que obtener un título. De manera que fui a la universidad. Cuando me gradué, acepté un empleo con mi amigo de mucho tiempo, Wayne Schmidt. Como muchas personas de veintitantos años, yo sobrevaloré mi contribución y subestimé lo que mi líder y el ambiente me proporcionaron para mi éxito.

Un día leí un artículo que se había escrito acerca de nuestra iglesia, el cual incluía una entrevista con Wayne. La persona que escribió el artículo habló acerca del éxito de la iglesia y muchas de las grandiosas cosas que se estaban haciendo en la comunidad, las cuales estaban sucediendo bajo el liderazgo de Wayne. Cuando leí el artículo, me di cuenta de que muchos de los logros que se estaban citando habían sido proyectos que yo había dirigido. ¡Pero mi nombre nunca se mencionó! Eso de verdad me molestó. De manera que saqué un resaltador y marqué todo lo que yo había hecho, y luego hice una cita para hablar con Wayne.

"¿Ves esto? —le dije—. Tú no lo hiciste. Y esto tampoco". Recorrí el artículo, señalando todo el trabajo que yo había hecho y por el que Wayne se estaba llevando el crédito. Estaba a la mitad cuando hubo un momento en que sentí que el Espíritu Santo me estaba susurrando que Wayne estaba a punto de despedirme. Me detuve en seco.

—Wayne —le pregunté—, ¿estás… estás a punto de despedirme?

—Sí —respondió.

Mi propia estupidez me golpeó como una tonelada de ladrillos. Me sentí expuesto por mi propia inmadurez. Wayne estaba dirigiendo bien, Dios le estaba dando su favor a la iglesia y yo estaba buscando el crédito.

Me arrepentí de mi orgullo, mi actitud y mi inmadurez, no solamente delante de Wayne, sino de la junta directiva de la iglesia. Y me disculpé. Estaba equivocado. Wayne, en su bondad, me perdonó. Pero ese fue el comienzo de una grande lección para mí, una que me tomaría años aprender: no se trata acerca de mí.

Si usted está trabajando para alguien más, la manera en que marchan las cosas puede estarle molestando como me molestó a mí. Posiblemente se sienta poco reconocido, poco valorado. Tal vez sienta que está llevando la carga. Probablemente crea que no está siendo ascendido o recompensado como se merece. ¡Pero ahí es donde Dios nos coloca a menudo para que podamos aprender y crecer!

El valor de hacer exitoso a alguien más prácticamente es ignorado en nuestra cultura. ¿Qué si su siguiente paso de crecimiento es aprender a servir a alguien más, hacerlo exitoso, y en el proceso, crecer en su propia habilidad y competencia? ¿Qué si usted debe aprender cómo ir al siguiente nivel en ayudar a su jefe y a su negocio a ir al siguiente nivel?

José lo hizo no una vez, no dos veces, ¡sino tres veces! Lo hizo en casa de Potifar, lo hizo en prisión y luego tuvo la oportunidad de hacerlo para toda la nación. Para cuando Faraón tuvo un sueño que nadie podía dilucidar, José tenía treinta años. Durante trece años trabajó para otras personas y las hizo exitosas. Él había estado tomando la responsabilidad de crear resultados desde que tenía diecisiete años y había aprendido el proceso tan bien que podía repetirlo adonde fuera. No solo eso, sino que cuando compartió con Faraón la interpretación que Dios le había dado, José era lo suficientemente entendido y experimentado como para comunicar también una solución, no solo un problema.

Los verdaderos líderes ofrecen soluciones. En el caso de José, en una conversación concisa, identificó la inminente crisis financiera que estaba a punto de suceder en Egipto, y ofreció simultáneamente una solución tan clara y atractiva que eso le devengó el mejor de todos los ascensos: el segundo al mando en Egipto. Toda la gente del mundo que alguna vez lo había gobernado estaba trabajando para él.[2] Eso incluía a Potifar, a la esposa de Potifar, al jefe de la cárcel, incluso al copero, y finalmente a sus hermanos.

La solución de José para la crisis inminente puede parecernos obvia ahora, pero no era obvia en ese tiempo. La ejecución tampoco era fácil. Tuvo que encontrar una manera de apartar suficiente comida durante siete años para salvar a una nación entera, además del pueblo de Israel, de la hambruna dentro de otros siete años. Si Dios le hubiera permitido a José saltarse el proceso de liderazgo, ¿qué les habría sucedido a todas esas personas? Pero José había incrementado su valor en cada uno de los puestos y se había convertido en un jugador deseado. Él pudo salvar a millones porque estuvo dispuesto a servir a los demás en lugar de servirse solo a sí mismo, y a aprender en el proceso.

¿Qué nos hemos perdido de la vida debido a nuestra propia impaciencia? ¿Qué podríamos perdernos en el futuro si intentamos saltarnos el proceso que Dios desea para nosotros? Los mismos desafíos que enfrentamos pueden estar preparándonos para un mejor futuro. Entonces, levántese dondequiera que esté trabajando ahora e incremente su valor.

Una onda por una espada

Posiblemente usted ya haya pasado la prueba del crecimiento. Posiblemente usted ya haya aprendido a trabajar para los demás y producir resultados. Por cierto, aunque trabaje independientemente o tenga su propio negocio, probablemente haya descubierto que aun así trabaja para alguien más: sus clientes, sus empleados o sus accionistas. De ser así, ¿qué sigue? ¿Cuál es su siguiente paso? Posiblemente necesite tomar la responsabilidad de su liderazgo y su crecimiento personal. O como quiera pensarlo: Posiblemente necesite deshacerse de su onda y tomar una espada.

Todo mundo necesita aprender nuevas habilidades para ir al siguiente nivel; yo lo necesito, usted lo necesita, John lo necesita. Esta verdad cobró vida cuando observé la vida de David. ¿Por qué es más famoso David? Por matar a Goliat. Incluso quienes nunca han abierto la Biblia conocen la historia de David y Goliat. El chico usó una honda para derribar al gigante.

Utilizar una honda era algo en lo que David era muy bueno. Había pasado años como pastor perfeccionando su habilidad con el arma. Y era un arma legítima en la guerra de sus días. La

Escritura habla de setecientos benjaminitas que podían tirar una piedra con la honda contra un cabello sin errar.[3]

David era experto con la honda. Para él era cómodo. Era familiar. Le había dado éxito. Le había ayudado a ganar la reputación de asesino de gigantes. Pero, ¿era esa el arma de un futuro rey? ¿Le ayudaría a vencer ejércitos? ¿Inspiraría a sus guerreros a pelear y conquistar a los enemigos de la nación? No. Una honda nunca podría haber derrotado a los diez miles de los que Israel cantaría. Eso requeriría una espada. Representaría aprender una nueva y difícil habilidad. David estaba dispuesto a hacerlo. De hecho, la Escritura nunca menciona que volviera a utilizar una honda de nuevo luego de que venció a Goliat.

La disposición que David tenía para aprender y para pagar el precio del crecimiento fue un patrón en su vida. De niño, cuando cuidaba los rebaños de su padre, aprendió a pelear con animales salvajes con solo las manos.[4] A pesar de tener esa habilidad, todavía se enseñó a usar la honda y se volvió un experto con ella. Y aunque tenía habilidad con la honda, aprendió el arte del manejo de la espada. David se reinventó una y otra vez. Fue ungido como rey a los trece años, pero pasó los siguientes diecisiete años aprendiendo a dirigir. A los treinta años, finalmente fue coronado rey de Judá, y pasó casi ocho años más dirigiendo y peleando hasta que reinó sobre todo Israel.

Posiblemente la mayor lección de crecimiento que podemos aprender de David es una disposición de dejar la honda por la espada. Tal vez usted ha dominado una habilidad que le ha ayudado a obtener resultados en el nivel en que se encuentra ahora y Dios lo esté invitando a aprender algo nuevo, ¡a tomar la espada! Dios tenía más para David; y tuvo que poner más en él. Pero David tuvo que estar dispuesto a capacitarse más y aprender a usar una nueva arma. Probablemente usted haya derribado a Goliat, pero Dios desea que usted conquiste decenas de miles. ¿Está dispuesto a entregar su cómoda honda por el potencial que viene de la incómoda espada? ¿Está dispuesto a cambiar lo que sabe por lo que no sabe?

Yo he tenido que hacerlo una y otra vez en mi carrera. Es un precio que mis colegas y yo tenemos que pagar para crecer y mejorar nuestros resultados. Por ejemplo, yo solía conocer a todos los de mi iglesia, y eso me gustaba. Era cómodo. ¿Por qué era un problema? Porque no se puede crecer y alcanzar a más gente si usted insiste en conocer a todos personalmente. Si usted es pastor y Dios lo ha llamado a alcanzar a más de doscientas personas, tiene que rendir eso y aprender nuevas habilidades.

Otro ejemplo puede verse en la manera que se presentan los mensajes. Al crecer en la iglesia, nosotros usábamos acetatos para ilustrar los mensajes. ¡Posiblemente usted no sea tan viejo para saber qué son! Cuando eso dejó de hacer que la gente se conectara, tuvimos una alternativa: continuar usándolos, dejar de usarlos y no hacer nada adicional o aprender nuevas habilidades. Cuando plantamos 12Stone, comenzamos utilizando arte dramático. Existe una pronunciada curva de aprendizaje para hacerlo bien. Luego, cuando nuestro mundo comenzó a preferir cada vez más las pantallas —televisión, películas, videojuegos, YouTube—, nos dimos cuenta de que teníamos que aprender a hacer videos y películas. Esa curva de aprendizaje es todavía más pronunciada.

Cuando nuestro personal creció, yo tuve que dejar de dirigir a todos los del equipo directamente y traer a un pastor ejecutivo. Eso fue incómodo. Cuando nuestro edificio se llenó, tuvimos que aprender a hacer servicios múltiples. Eso fue agotador. Cuando los servicios comenzaron a llenarse, aprendimos a dirigir múltiples instalaciones. Eso también representó habilidades adicionales para comunicarnos remotamente a través de pantallas de cine. Aprender a hablarle a una audiencia en vivo y la cámara a la vez ha sido un proceso demandante. La necesidad de crecer no termina.

Continuamos cambiando una honda por una espada en área tras área. Si deseamos alcanzar a la gente, eso es lo que tenemos que hacer. Posiblemente usted esté tentado a optar por no participar en todo este proceso en su profesión. Me imagino que nosotros también podríamos hacerlo. Muchas iglesias lo han hecho. Algunos líderes no cambian, porque es demasiado difícil.

Otros razonan que lo antiguo de alguna manera es mejor, más recto, más santo. Me alegra que la iglesia original no pensara así. La iglesia de los Hechos no tenía Biblias. Si los creyentes posteriores hubieran insistido en que lo antiguo era lo único y no hubiera estado dispuesta a crecer, el Nuevo Testamento nunca habría sido compilado y *nosotros* no tendíamos Biblias ahora.

A mí me cuesta bajar la honda por la espada. Pero la única otra opción es atascarse. Si David no hubiera estado dispuesto a aprender a pelear con una espada, la primera batalla con Goliat, la cual tuvo a los diecisiete años, pudo haber sido su última batalla. Sus mejores años habrían quedado detrás de él. A los veintitantos habría estado hablando de sus recuerdos de la gloria pasada, no de los sueños del futuro de Dios. Pero David tomó una espada. Yo veo que no hay evidencia de que David hablara mucho acerca de Goliat o de su batalla con él luego de lo sucedido. Él estaba mirando hacia adelante y cambiando para enfrentarse ante los desafíos futuros.

La perspectiva de John

¿Cuál es el mayor enemigo del éxito del mañana? El éxito de hoy. ¿Por qué? Porque aquello que le llevó ahí no lo mantendrá ahí.

Si desea alcanzar su potencial, usted debe convertirse en un aprendiz vitalicio. Debe dedicarse al crecimiento personal en las áreas de mayor fortaleza. ¿Cuáles eran las áreas de mayor fortaleza de David? La batalla, el liderazgo y la adoración. ¿Qué se dedicó a desarrollar? Como dijo Kevin, David aprendió a convertirse en un guerrero hábil. Además continuó mejorando su liderazgo para poder unir y dirigir a toda la nación de Israel. Y la evidencia de su habilidad como músico y compositor puede encontrarse en el libro de los Salmos.

¿Qué habilidades necesita desarrollar? Yo me enfoco más en mi esfuerzo de tercera base sobre el liderazgo y la comunicación. Esas son mis mayores fortalezas. ¿Cuáles son las suyas? Usted necesita permanecer en su zona de fortaleza, pero salir de su zona de comodidad. Haga lo que sea necesario para continuar aprendiendo y creciendo hacia el siguiente nivel.

Consejería de grandes ligas

Como ya he escrito, John me ayudó tremendamente en segunda base. Hasta los treinta años cargué con mucho bagaje relacional. John me ayudó a dejarlo, a cesar de acumular injusticias y a dejar de llevar la cuenta con otras personas. Tan pronto como se aclaró mi visión relacional, mi enfoque cambió a tercera base, a medida que busqué ayuda con cuestiones profesionales.

Recuerdo una conversación temprana con John en la que dijo: "Kevin, el poder de la visión yace en cuán profundo es en ti, en el arte de cómo lo dices, en cuán a menudo lo dices y en las historias que la contienen. Pero la visión 'gotea'. Y principalmente 'gotea' en los líderes. Los líderes hablan acerca de cambio y crecimiento como si lo valoraran, pero son quienes tienen menos probabilidad de cambiar".

Me quedó claro que si deseaba hacer lo que Dios me estaba llamando a hacer, tendría que hacer un profundo compromiso de crecer. Cuando escribí lo que dijo John —lo cual, por cierto, siempre hago cuando nos reunimos—, me hice una nota a la que regreso a menudo. Dice: "Este año, este mes, este día, ¿todavía estoy de acuerdo en crecer?".

Le hago la misma pregunta a usted: ¿Está de acuerdo en crecer? ¿Está dispuesto a continuar creciendo? Es la única manera de crecer en tercera base.

Para ayudarlo, le compartiré cuatro de las docenas de lecciones que John me ha enseñado durante nuestras sesiones de consejería. Estas revelaciones me ayudaron a crecer en tercera base. Espero que leer esto sea como tener a John como mentor.

1. Traiga *su* talento a la mesa

¿Cómo juzga su nivel de competencia de tercera base? ¿Cómo sabe dónde se encuentra con respecto al desempeño profesional? La mayoría nos comparamos con otras personas y con cómo les está yendo. Creo que esa es una de las peores cosas que puede hacerse profesionalmente. Dios no crea a todos igual, tampoco proporciona un nivel de juego para todos; no obstante, parece que eso es lo que esperamos.

La parábola de los talentos de la Escritura aclara que Dios no trata a todos por igual. A algunas personas, Dios les da cinco, a otros dos, a otros un talento.[5] La prerrogativa de Dios es distribuir sus dones como Él desee. Y la parábola de los diez talentos (monedas) deja en claro que aunque la gente reciba los mismos recursos, los resultados son diferentes.[6] Algunos ganan cinco más, otros dos. Cuando Él le proporciona otro talento a quien ya tiene diez, los otros objetan. Como seres humanos, parece que luchamos con la idea de que las cosas sean poco equitativas.

Los discípulos cayeron en el juego de las comparaciones. Santiago y Juan deseaban ser elevados por sobre sus camaradas. Deseaban estar sentados a la diestra y a la siniestra de su gloria.[7] Los otros discípulos se enfadaron cuando lo supieron —¡posiblemente porque no tuvieron la valentía de pedirlo primero!—. Los discípulos deseaban obtener favor y posición por sobre los demás. Jesús deseaba que ellos se sirvieran el uno al otro.

Lo que terminó sucediéndoles a Santiago y a Juan probablemente tampoco nos parece justo a la mayoría. Santiago murió pronto. Él no pudo escribir un evangelio ni una carta a la Iglesia. Cuando acababa de comenzar la misión, fue martirizado por su fe. ¿Y qué hay de Juan, el discípulo a quien Jesús amaba? Terminó como un anciano en el exilio, el último de los discípulos, viviendo en una cueva en la isla de Patmos y escribiendo el libro de Apocalipsis.

Estos hermanos deseaban ser los mayores de los apóstoles. No obstante, algunos dicen que ambas contribuciones fueron eclipsadas por Pablo, quien se convirtió en predicador a las naciones y escribió más libros que nadie del Nuevo Testamento. Y Pablo ni siquiera era de los doce originales. Eso no parece ser justo.

Resulta fácil ser absorbido por el juego de las comparaciones, no obstante, es inútil. Recuerdo que en los años en que John Maxwell comenzó a ser mi mentor, llegué para reunirme con él un día, y Andy Stanley, a quien John también estaba aconsejando, salió de la habitación de su reunión anterior.

A mí me resulta muy tentador compararme con Andy. Su iglesia, la North Point Community Church, se encuentra al otro lado de la ciudad de la mía. Andy la comenzó ocho años después de que yo comencé 12Stone. North Point solo tenía trece meses de haber sido establecida cuando compraron la propiedad. Menos de un año luego de eso, en 1996, Andy abrió un edificio con un auditorio de dos mil setecientos asientos (eso es más grande que el auditorio que nosotros construimos en 2008). Más de dos mil personas asistieron el primer día que abrió el edificio. Un año más tarde, cuatro mil personas estaban asistiendo a su iglesia. Compare eso con la historia que le he contado acerca del comienzo de 12Stone.

A medida que John y yo hablábamos en el almuerzo ese día, yo estaba reflexionando: "¿Cómo explicas el tipo de crecimiento de North Point? ¿Cómo se vuelven una iglesia de varios miles?". En el curso de los comentarios de John, él me dijo: "Andy simplemente llegó al aeropuerto antes que tú".

Me tomó por sorpresa. Ni siquiera sabía qué quería decir eso. "Kevin, esto es lo que sucede: North Point es algo de Dios, así como 12Stone. Y Andy llegó al aeropuerto y abordó el avión antes que tú, y llegó a una iglesia de miles de personas antes que tú. Pero Dios te tiene para un vuelo posterior. De manera que llegarás al aeropuerto de Dios a tiempo y tomarás tu vuelo. Y luego llegarás a una iglesia de miles. Por lo cual celebra a North Point, pero *trae tu talento a la mesa*".

Nunca he olvidado la lección. Dios no compara 12Stone con North Point. Él creó a ambas para el trabajo de su Reino y usa a cada una en maneras únicas. Y Dios no me compara a mí con Andy ni con nadie más. Dios tampoco lo compara a usted con nadie más.

Por lo tanto, cualquier talento que posea —grande o pequeño, en desarrollo o altamente desarrollado— necesita ponerlo sobre la mesa en servicio a Dios. Definitivamente, con respecto a los negocios o los deportes vivimos en una cultura competitiva. Pero si usted se preocupa o se consume por los talentos de alguien más, termina eximiéndose de la capacitación para desarrollar los suyos propios. No podemos preocuparnos de lo que no tenemos. Tampoco podemos preocuparnos de cómo nos tratan los demás. De hecho, los buenos líderes no tratan a todos por igual. Ellos le dan la mayor parte de su tiempo, dinero y recursos a las personas productivas. Dios lo hace. Jesús lo hizo. Él valoró a todos por igual, pero trató a todos de manera diferente. Si eso fue suficientemente bueno para Él, entonces debe ser suficientemente bueno para nosotros.

2. No deje que su fracaso sea definitivo

Una vez que la iglesia comenzó a crecer y John había estado orientándome, me invitó a hablar en una conferencia de liderazgo en El Paso, Texas. Él mensaje que me pidió enseñar es el concepto contenido en *El jonrón*, acerca de correr las bases de la vida en la manera correcta. Era algo que yo le había enseñado a mi congregación y que había utilizado para desarrollar a ejecutivos de negocios. Cuando me preparaba para la conferencia, uno de los organizadores me aconsejó cómo impartirla. Aunque él no era comunicador y eso iba contra mis instintos, acepté su consejo.

El 21 de noviembre de 2000 es un día que nunca olvidaré. Con gran expectativa, me paré frente a una audiencia de cientos... y fracasé miserablemente. Fue como si diera tres golpes y apestara cada vez. Yo estaba "ponchado", pero no podía marcharme del campo de juego. Tenía que continuar hablando hasta que se acabara mi tiempo.

Ahora, recuerde que mi trabajo es dar conferencias. He estado frente a miles de personas. Yo estaba acostumbrado a hablar varias veces a la semana y lo había hecho durante muchos años. No es que no tuviera experiencia. Yo había estado en la posición de bateador como conferencista y sabía cómo golpear esa bola. Pero aquel día fallé. Sentí que estaba en un hoyo negro. Sin duda, ¡esa fue una de mis más importantes humillaciones públicas!

Sí logré llegar al final de mi material, pero nada conectó. Nunca antes había experimentado algo similar. Sabía que no le había ayudado a nadie del grupo. Igual de terrible era que defraudé a John. ¿Puede usted imaginarse cuán devastador es que su mentor esté sentado junto a usted mientras lo avergonzaba en lugar de proporcionarle valor? ¡Ah! Esos fueron los cuarenta y cinco minutos más largos de mi vida.

En el avión de camino a casa, yo sabía que tendría que sentarme frente a John y afrontar las consecuencias. Deseaba esconderme debajo del asiento y desaparecer. Pero en lugar de criticarme, John lo usó como un momento de enseñanza. Me explicó cómo salir del hoyo negro en la comunicación cuando uno se encuentra atrapado en él. Me animó a crecer a partir de esa experiencia y nunca me lo echó en cara, nunca volvió a traerlo a colación.

A mí me impactó la bondad de John en esa situación. Yo no habría sido tan gentil. En ese momento de mi vida habría estado más preocupado por cualquier daño hecho a mi reputación por subir a la plataforma a un mal conferencista, que por enseñarle a un joven a aprender de su error. Nunca lo he olvidado. Más importante fue que aprendí de ello.

Cuando llegué a casa, le escribí una nota a John. En parte decía:

> Me encargaste pronunciar una enseñanza que cambiaría la vida de la gente. A mí me encanta comunicar. Me sentí honrado de colaborar. Vaya momento para caer derrotado… ¿Qué puedo decir? No tengo disculpa, ni forma de compensarte. Me duele que la gente no recibiera lo que de verdad revolucionaría su manera de vivir y de hacer negocios. El diamante habría sido una victoria para la vida de la generación

presente y de futuras generaciones. Esto es lo que más me dolerá [...] que la gente pierda. En cercano segundo lugar se encuentra el deterioro de la confianza en tu nombre. Aunque siempre supe que algún día hablaría junto a ti, nunca pensé que estaría escribiendo esta nota. Fuiste amable al no darle importancia a mi fracaso y al manifestarme que de hecho era la pieza faltante de mi recuperación. Sin embargo, estoy consciente del costo de lo que acaba de suceder.

En la nota adjunté un cheque por la cantidad de los honorarios que recibí. En mis cinco sentidos, yo no podía conservarlo. La carta cerraba, diciendo:

Gracias por la orientación y el crecimiento que le has proporcionado a mi vida. Soy un mejor jugador del Reino por tu influencia.

John ha hablado acerca de convertir el fracaso en éxito. Escribió un libro llamado *El lado positivo del fracaso. Cómo convertir los errores en puentes hacia el éxito*. Pero no fue hasta ese día que supe que John vivía esos principios y estaba dispuesto a pagar el precio.

Meses después de mi fracaso en El Paso, John me invitó a hablar otra vez. Esta vez sería en la Catalyst Conference, en octubre de 2001. ¿Y el tema de la charla? El mismo mensaje acerca de correr las bases para una vida de jonrón. Antes de la conferencia, usted puede creer que sentí presión. Todos tenemos que manejar nuestras dificultades y limitaciones. Yo no había perdido la confianza en mi capacidad de comunicarme, pero más vale que crea que estaba muy consciente de la posibilidad del fracaso. Estaba determinado a no permitir que el fracaso de El Paso fuera definitivo.

En la víspera de la conferencia, experimenté uno de esos momentos curiosos con Dios. Él me tranquilizó diciendo que lo que estaba a punto de hacer le agradaría. Y cuando hablé al siguiente día, fue una extraordinaria experiencia como conferencista. Dios utilizó mi enseñanza para despertar a los demás a una nueva perspectiva de la vida y a cómo correr las bases. Fueron tan conmovidos que el salón explotó en una ovación de pie. Yo sabía que no tenía nada que ver conmigo, y que todo tenía que ver con que Dios bondadosamente demostró que el fracaso no es definitivo.

Si usted desea hacer algo de valor en la vida, fracasará. ¿Cómo lo manejará? ¿Cómo tratará sus heridas? ¿Qué hará con las oportunidades que obtenga luego de haber caído o quedarse corto? No permita que sus fracasos sean definitivos. Aprenda de ello cuando lo ponchen y regrese al juego.

3. Gánese su sustento cada día

Una incipiente empresaria abrió un negocio de limpieza en una pequeña ciudad. Ella trabajaba duro y, al igual que otras personas de negocios de su comunidad, ella siempre estaba compitiendo por obtener negocios. No pasó mucho tiempo hasta que tomó consciencia de la reputación de una adinerada mujer de la ciudad que utilizaba un servicio de limpieza particular solo una vez. En todos sus años, la mujer nunca había contratado el mismo servicio de limpieza dos veces para que limpiaran su espaciosa casa.

"Cuando finalmente tuve la oportunidad —dijo la empresaria—. Yo le iba a dar lo mejor que tenía. Y acudimos a esa casa y limpiamos, e hicimos lo mejor que pudimos. Cuando terminamos de limpiar toda la casa, encontramos mucho cambio en todo el lugar, y lo colocamos en una pequeña taza en la cocina".

Luego de terminar el trabajo, la empresaria recibió su pago y se marchó.

Imagínese su asombro cuando semanas más tarde recibió una llamada de la mujer adinerada, pidiéndole que limpiara su casa una segunda vez. Ella no podía comprender por qué estaba recibiendo una segunda oportunidad cuando nadie más la obtenía.

—Me encantaría hacerlo de nuevo —respondió la empresaria—. ¿Pero puedo hacerle una pregunta? De todas las personas que han limpiado su casa, ¿por qué me está permitiendo hacerlo una segunda vez a mí?

—Es muy simple —respondió la mujer adinerada—. Un dólar y sesenta y un centavos.

—¿Disculpe?

—Ustedes fueron los únicos que encontraron $1.61 dólares completos en cambio que había colocado estratégicamente por toda la casa —explicó—. Algunas personas encontraron ochenta y nueve centavos. Otras encontraron noventa. Algunos $1.25. Uno encontró $1.40, pero ustedes fueron los únicos que encontraron los $1.61 dólares completos.

¿Qué tipo de persona es usted? Si es una persona de $1.61, siempre tendrá trabajo, le irá bien y continuará recibiendo oportunidades para avanzar a mayores ligas de juego en su carrera.

En nuestra cultura damos mucho por sentado. Cada vez más personas piensan que alguien más les debe un trabajo. Otros creen que porque pudieron llevar a cabo un trabajo en el pasado, merecen conservar su empleo en el presente. Pero la verdad es que necesitamos ganarnos nuestro sustento cada día. Necesitamos ser personas de $1.61 hoy, y mañana, y todos los días que acudamos a trabajar. La gente no nos paga por lo que hicimos el año pasado, el mes pasado o la semana pasada. Necesitamos desempeñarnos bien cada día, dondequiera que nos encontremos ese día. Eso fue lo que hizo José, aunque se encontraba en esclavitud en Egipto. Eso fue lo que hizo Daniel, aunque estuvo en cautividad en Babilonia. Eso es lo que he observado en John cuando ha buscado proporcionarle valor a la gente durante los años.

Una de las lecciones más poderosas que he aprendido de la orientación de John ha sido tácita. John me ha permitido viajar con él en muchas ocasiones. A veces ha hablado a un salón de conferencias. Otras veces a una multitud de cientos o miles. En todos los casos, ese grupo o empresa estaba contando con el buen desempeño de John. Cada vez que lo he observado, este hombre que ya era altamente exitoso miraba la mañana siguiente como si fuera la más importante de su carrera. John se entrega por completo a la gente en esa sala de juntas o a la audiencia lo mejor que puede. Nunca lo he visto confiar en su último "bateo" para darse permiso de abanicar de nuevo con desinterés.

Yo he observado su disposición de ganarse el sustento cada día. Eso separa el éxito regular del éxito esporádico. Si alguien como él —autor de más de setenta libros, desarrollador internacional de líderes, el gurú número uno de liderazgo a nivel mundial— está dispuesto a ganarse su sustento cada día, entonces yo también. Y usted también debería estar dispuesto a hacerlo.

4. Haga un funeral y consiga un nuevo sueño

Después de la Catalyst Conference de 2001, algunos de nuestros planes a largo plazo de la iglesia se estaban llevando a cabo. Se me estaban abriendo puertas para viajar y dar conferencias. Se me estaban acercando editores para que escribiera un libro. Líderes de otras iglesias estaban viniendo a visitarnos. No es que estuviéramos en las grandes ligas, pero al menos habíamos salido de nuestra liga infantil. La iglesia se encontraba en tierra firme y añadiendo cien o más personas al año. Y cuando se viene de donde nosotros en nuestros primeros años, eso era emocionante.

Además, la vida personal de Marcia y mía estaba recibiendo un poco de oxígeno. Josh, el mayor de nuestros tres hijos, estaba en la preparatoria y aprendiendo a conducir; mientras que el menor, Jake, casi cumplía nueve años. Gracias a Dios habíamos terminado con las etapas infantiles de la paternidad. A veces se tiene que dejar algo atrás antes de poder confesar cuán completamente debilitante nos es. En esta temporada le había confesado a mi esposa: "Simplemente no estoy programado para los primeros cinco años de la vida de un niño. Soy mucho mejor una vez que cumplen cinco o seis. Entre más crecen, más fácil me es ser papá". Ella admitió que la vida estaba volviéndose más respirable. Nos encontrábamos en una tendencia ascendente.

Durante esa temporada, Marcia y yo estábamos dirigiendo un estudio bíblico de los Halcones de Atlanta, con varios jugadores y sus esposas, y el chiste se volvió: "Si beben el agua quedarán embarazados". Casi todas las mujeres del grupo se embarazaron al mismo tiempo. De manera que bromeaban que la pareja de más edad, o sea nosotros, tendríamos un bebé. Nosotros nos reímos, pero yo le conté en privado a mi amigo, el pateador de los Halcones, Jay Feely: "Si Marcia se embarazara, sería algo sobrenatural y sería la muerte de mis sueños para mis cuarenta y tantos. Por lo tanto, dejen de decir eso, incluso en broma".

Un mes más tarde, yo me encontraba hablando en el oeste, y antes de que abordara el avión de vuelta a casa, sonó mi teléfono. Era Marcia. Todo lo que dijo fue: "Cariño", y yo quedé congelado.

Años de matrimonio le harán eso. De alguna manera, usted simplemente sabe. Antes de que dijera algo, yo exploté: "No puedes estarlo, ¡estamos tomando píldoras y eso ha funcionado durante nueve años!".

Sí, ciertamente, ¡mi esposa de cuarenta años estaba embarazada!

Decir que no estábamos preparados es un eufemismo. Habíamos desechado o descartado toda la evidencia de que alguna vez tuvimos niños en la casa.

En el vuelo a casa le escribí una nota llena de gozo a nuestro futuro hijo. Pero durante los siguientes treinta días, el costo emocional de comenzar de nuevo empezó a sofocarme. Yo sabía que sería agotador. La energía, el tiempo y la atención de criar a otro niño parecían imposibles de reunir. Además, ahora habría quince años de diferencia entre nuestro hijo mayor y el menor. Nunca tendríamos un nido vacío. Me di cuenta de que yo tendría sesenta años antes de que se graduara de la preparatoria.

En mi mente, todos los planes para mis cuarenta y tantos comenzaron a desaparecer. Oportunidades para hablar, Marcia y yo viajando juntos, una vida más móvil, libertad, opciones... eso nunca sucedería a la luz de las nuevas demandas de paternidad. Yo me estaba hundiendo rápidamente en una silenciosa depresión. Desde luego, yo no podía explicárselo a nadie más, porque tener un hijo se supone que debe ser una celebración, una bendición. Yo sabía que este niño lo sería algún día, pero en aquellos días, eso me estaba deshaciendo. La puerta finalmente se me había abierto para un nuevo sueño, y así de rápido se estaba cerrando.

Cuando la noticia se hizo pública en la iglesia, comenzaron a llamarnos Abraham y Sara por tener un hijo a edad avanzada. Yo seguí el humor y mantuve una sonrisa como un buen líder debe hacerlo. Pero en lo privado, escribí mi carta de renuncia a 12Stone. No puedo explicar por qué, pero simplemente no podía enfrentar mis cuarenta años comenzando de nuevo. Yo era un naufragio silencioso.

Cuando me reuní con John para nuestro siguiente almuerzo de orientación, me felicitó. Yo sonreí y batallé para esconder la depresión. Pero él pudo sentir cómo me sentía en realidad. Supo cuán profundamente me encontraba batallando. Luego me dijo palabras que continúan haciendo eco en mí: "Kevin, necesitas hacer un funeral y conseguir un sueño nuevo".

Lo que John me enseñó ese día fue que no hay valor en las apariencias. Yo tenía un sueño para mis cuarenta y tantos que ahora estaba muerto; tan muerto como mi mamá el día en que el cáncer finalmente se llevó su vida a los cincuenta y tres años. Tan muerto como mi hermano el día de su accidente en motocicleta a los cuarenta y uno.

¿Qué se hace cuando alguien muere? Se hace un funeral. ¿Qué se hace cuando algo en su interior muere? Se hace un funeral. Se toma toda la emoción y la intensidad de la pérdida y se enfrenta. Y luego se consigue un nuevo sueño basado en la nueva realidad. ¿Por qué? Porque si no se vive para un sueño nuevo, ¡se termina viviendo en el pasado! Y no hay futuro en el pasado.

Usted nunca conocerá el gozo de lo que Dios puede ganar en el futuro si está consumido lamentando lo que perdió en el pasado.

Yo hice exactamente lo que John sugirió. Me tomé un día, fui a las profundidades del bosque a más de una hora, e hice un funeral de todos los planes que tenía para esa temporada de la vida. Me afligí por todos los sueños que nunca se volverían realidad. Le dije cosas a Dios que desde entonces le he pedido que perdone. Luego me fui a casa y pasé los siguientes meses consiguiendo un sueño nuevo. Y el gozo de ser padre de mi cuarto hijo, Jadon John, ha comprobado ser un asombroso regalo. Definitivamente fue más demandante comenzar de nuevo, tal como temía. Pero me abrí a los nuevos planes y sueños que Dios tenía para mí en esta nueva realidad de una familia de cuatro hijos cuyas edades abarcaban más de quince años.

¿A qué plan o sueño continúa asido en su vida o en su carrera que Dios le ha pedido desde hace tiempo que deje descansar? ¿Qué opciones y oportunidades que ya no están disponibles usted no ha dejado ir? Posiblemente necesite hacer un funeral, llorar y avanzar a lo que Dios tenga ahora para usted. Nunca encontrará el nuevo sueño a menos que suelte el viejo sueño. Algo viejo tiene que morir, pero esa puede ser la única forma para permitir que algo nuevo viva.

Si usted es un líder, ser sincero consigo mismo acerca de tales cosas es especialmente importante para usted. Los líderes no pueden mentirse y dirigir bien. No pueden permitirse aparentar. Si usted dirige a otros, necesita mirar sus planes y sueños con sinceridad. Necesita estar abierto a algo nuevo que Dios pueda estarle pidiendo que dirija. Su gente está dependiendo de que usted lo haga.

La perspectiva de John

Una de las cosas más difíciles que he hecho fue renunciar a mi posición como líder de la Skyline Church. A mí me encantaba la gente de ahí, era un gozo ser su pastor. Pero durante los últimos años que estuve ahí, supe que no podía permanecer para siempre.

En 1976 recibí un llamado de Dios para tener un ministerio para líderes. A finales de la década de 1970 y a principios de la década de 1980, vi desarrollarse ese llamado al trabajar primero con pastores y luego con líderes de negocios en todo el país. A principios de la década de 1990, no me daba abasto. Margaret me decía todo el tiempo que no podía hacer ambas cosas, pero yo no deseaba escuchar. No quería dejar a la gente de Skyline. Yo tenía el sueño de abrir un centro de liderazgo donde gente de toda la nación y del mundo pudiera acudir para ser capacitado en liderazgo.

En 1995, finalmente acepté que no sería posible continuar como lo había hecho, y renuncié a Skyline. Lloré la decisión, pero nunca me he arrepentido. Como líder, yo sabía que era tiempo. Y tomar esa decisión me abrió otras puertas, entre ellas fundar EQUIP, mi organización sin fines de lucro que enseña liderazgo en 177 naciones de todo el mundo.

El crecimiento siempre requiere tomar difíciles decisiones. Esté preparado para tomarlas. Eso es especialmente importante si usted es un líder. Los líderes necesitan tomar las decisiones difíciles antes de que otros las vean o que estén listos para tomarlas. Entonces, ellos necesitan ayudar a su gente a manejar la transición.

Más que solo desempeño

Uno de los grandes gozos de mi vida es ver a la gente que ha estado corriendo las bases de la vida en la dirección equivocada cambiar de rumbo y vivir el plan de Dios para la vida abundante. Alguien que encaja bien con esa descripción es mi amigo, John Williams. John es un hombre talentoso, un muy buen hombre de negocios. Cuando se graduó de la universidad, aceptó un empleo como aprendiz de gerente para los Distribuidores Toyota del sureste, donde prosperó. Fue un hombre que utilizó su talento y trabajó duro todos los días. Subió por la escalera profesional hasta que obtuvo la posición de vicepresidente ejecutivo.

Luego de trabajar durante veinte años y alcanzar la posición suprema de su profesión, John se desesperó y comenzó a buscar un nuevo desafío. Decidió dejar su posición corporativa segura en Florida y lanzar una concesión de Toyota en el área metropolitana del noreste de Atlanta. El negocio arrancó. En cuestión de dos años se convirtió en la operación minorista más grande del estado y una de las concesionarias más importantes del país. Pero a medida que alcanzaba progresivamente el éxito profesional, su vida personal sufrió algunas pérdidas.

Durante el crecimiento de su concesionaria, un colega lo invitó a asistir a 12Stone. John había crecido en un buen hogar y había asistido a la iglesia en la infancia, pero de adulto, la iglesia no era parte de su vida salvo en las Pascuas o en el servicio de Navidad o en las bodas esporádicas. Y a decir verdad, Dios no estaba en realidad en su radar.

No nos tomó mucho tiempo conectarnos. Teníamos un similar espíritu empresarial. Era como el hierro que se aguza con hierro. Mientras yo estimulaba su pensamiento de fe, él estimulaba mi pensamiento de negocios. El domingo de Pascua de 2002, aceptó a Cristo. A medida que Dios lo desafiaba a cambiar y a crecer, él aceptaba el desafío. "Lo que he llegado a saber —dice él—, es que cuando Dios te llama, espera obediencia".

Durante los últimos diez años, mientras he orientado espiritualmente a John, él me ha orientado a mí en los negocios, me ha ayudado a comprender más acerca de las finanzas y de cómo funcionan los acuerdos comerciales. Ha sido una relación fantástica.

John comenzó a correr las bases en la dirección correcta. A medida que lo hacía, Dios comenzó a hacer un trabajo más profundo y entretejió su corazón con el de Jennifer, su nueva esposa. El amor de John por los tres hijos de su matrimonio anterior incrementó a medida que procuró poner a Dios en el centro de su vida. Su relación con su exesposa mejoró bastante.

El compromiso mutuo entre John y Jennifer, así como correr las bases de acuerdo con el diseño de Dios transformó su manera de vivir.

John ha estado en un viaje peculiar. Cuando se volvió parte de la iglesia, aproximadamente mil personas estaban asistiendo cada semana. Él echó raíces. Comenzó a dar y a servir. Comenzó a invitar a amigos, a familiares y a socios de negocios al viaje de la fe. Cuando nos estábamos preparando para construir nuestro nuevo edificio, él nos dio el primer cheque importante. Y Dios continúa imprimiendo en su corazón una pasión por la oración.

Un día, él y yo nos sentamos para almorzar en Olive Garden, y le compartí la siguiente parte de mi visión. Dios había creado un sueño para un centro de liderazgo que estaría comprometido con servir a los líderes actuales y levantar a la siguiente generación de líderes. Además, le dije que John Maxwell había aceptado prestar su nombre para el centro: sería llamado el Centro de Liderazgo John Maxwell, y 12Stone lo construiría. Se convertiría en un hogar para EQUIP, la organización internacional sin fines de lucro de capacitación de liderazgo de John Maxwell. Sería la sede del programa de residencia de 12Stone para la siguiente generación de líderes del ministerio. Facilitaría el entrenamiento de pastores y de las iglesias en servicio de 12Stone. Poseería la biblioteca digital de liderazgo de John Maxwell. Y crearía una sociedad con el Seminario Wesley de la Universidad Wesleyana de Indiana, para capacitar a los líderes emergentes de la iglesia.

La petición que le hice a John Williams fue la siguiente: "¿Me aconsejarías en el proceso de acercarme a un donador para el centro de liderazgo? Tengo a un hombre en mente que pienso que dará los $5 millones de dólares. Sé que puede sonar desquiciado, pero creo que Dios los proveerá".

John Williams es un visionario dotado y un hombre de negocios muy inteligente. Durante casi un año, fue mi confidente con esta esperanza de levantar los $5 millones de dólares. Lamentablemente, eso nunca sucedió. Por lo tanto nos encontramos en un callejón sin salida. Sentados en otro almuerzo en el Olive Garden, lo discutimos, y John me preguntó de repente: "¿Y qué si yo era el hombre que Dios deseaba usar para dar los $5 millones?". Yo estaba anonadado, nunca me había pasado por la mente. Simplemente era demasiado dinero.

Lo que yo no sabía era que Dios se estaba moviendo en John en maneras que sería difícil explicar. En pocas palabras, él sintió que Dios podría estar abriéndole una puerta para vender su negocio de Atlanta. Si Dios lo hacía, entonces él haría la donación de $5 millones.

Como solo Dios obra, sucedió tal como John Williams lo contempló.

Todos celebramos cuando la vida de John Williams se cruzó con la de John Maxwell en beneficio de levantar líderes que cambiaran a las futuras generaciones. Solamente Dios puede tomar a un corredor de tercera base como John Williams, quien estaba empeñado en el desempeño y hacer un impacto mucho mayor que el desempeño. Cambió el éxito en los negocios por la importancia del Reino. Ese es el último paso para correr las bases en la vida: anotar. Y discutiremos más al respecto en el último capítulo.

La guía de crecimiento de John

Preguntas para discusión

1. ¿Está de acuerdo en que Dios ha entretejido un deseo y una expectativa de crecer en la urdimbre del mundo? ¿Qué evidencia ve a favor o en contra de esa idea? Explique.

2. ¿Qué tan bien está manejando el ritmo del progreso de su carrera? ¿Lo considera satisfactoriamente rápido, frustrantemente lento o en algún lugar entre ambos? ¿Siempre ha reaccionado al ritmo como lo hace ahora?

3. ¿Qué hace para ayudarse a desarrollar la paciencia apropiada, para cultivar una disposición para servir a su jefe y a su organización, y ganarse el sustento cada día?

4. Describa un fracaso bien manejado que haya experimentado en el trabajo, en su carrera o en un área de gran

(continuado)

interés. ¿Cuál fue la clave para su habilidad de manejar bien esa situación? ¿Es así como normalmente maneja las dificultades? Explique. ¿Cómo puede aplicar esa clave a otras áreas de su vida?

5. ¿Cómo contempla su talento natural? ¿Está satisfecho con lo que posee? ¿O desea tener más talento o un talento distinto? ¿Cómo ha impactado esto la manera de abordar su carrera? ¿Lo ha ayudado o lo ha obstruido? ¿Cómo podría cambiar su actitud para que lo ayude a ser más exitoso?

¿Su inclinación natural es dedicar mucho tiempo y esfuerzo a su trabajo o su carrera, o muy poco? ¿Qué problemas o desafíos ha creado esa inclinación? ¿Cuál consideraría una perspectiva sana para el trabajo y la carrera? ¿Qué está dispuesto a realizar para intentar llevarla a cabo en su vida?

Tarea

Durante muchos años he amonestado a la gente para que evite contraer la enfermedad del destino. ¿Cómo? Al permitir que Dios cambie sus planes y siempre estar dispuestos a rendir su honda por una espada. Colocarse en el mejor lugar para continuar aprendiendo y creciendo, tomarse tiempo para hacer lo siguiente:

A. *Haga un funeral*: Tal vez sea como Kevin y necesite poner a descansar un sueño que no está alineado con el plan de Dios para su vida. Su sueño expirado puede deberse a un cambio de temporada en su vida. O posiblemente sea necesario rendir el sueño porque el talento que usted posee no va de acuerdo con este. O tal vez Dios tenga algo más para usted que le dará más gloria y honra a Él. Si cualquiera de estas razones se aplica a usted, aparte un tiempo y un lugar para hacer un funeral privado de ese sueño obsoleto. Llore. Derrame ante Dios su corazón. Luego abra su mente y su corazón a lo siguiente que Dios tiene para usted.

B. *Tome una espada:* ¿Dios lo está invitando a nuevos desafíos y oportunidades en su vida y su carrera? Si lo está haciendo, usted no podrá llevarlos a cabo con las mismas herramientas que lo han llevado a donde está ahora. Como David, usted debe estar dispuesto a dejar su honda y a tomar su espada.

¿Qué representa eso en su carrera? En primer lugar, identifique su honda. ¿Qué habilidad ha usado hasta ahora para ser exitoso? Intente determinar cómo es que apoyarse en ello ahora puede estarlo deteniendo. Luego intente discernir qué nueva habilidad puede llevarlo más allá al siguiente nivel. Una vez que lo haya identificado, cree un plan concreto para adquirirlo. Asegúrese de incluir el tiempo y los recursos que serán necesarios, junto con fechas límite específicas.

9

Anotar puntos: Cómo continuar viviendo y ganando a la manera de Dios

CUANDO JUGAMOS BÉISBOL, llegar a tercera base es emocionante. Pero eso no es hacer puntos. De hecho, si usted siempre se queda plantado en tercera base y nunca llega al *home*, lo encontrará frustrante y decepcionante. No se agrega una carrera al marcador hasta que se cruza el *home*. Y esa es toda la cuestión cuando se trata del béisbol. Para ganar, se tiene que anotar.

En el viaje espiritual de la vida, muchas personas se quedan plantadas en tercera base. De verdad, el trabajo importa. De igual manera los resultados en los negocios y el éxito económico. Pero al final, estas cosas no son un final digno en sí mismas. Para ser exitosos, necesitamos regresar al *home*. No hay jonrón sin eso, en el béisbol y en la vida. La conclusión es que no estará satisfecho con su vida a diario, cada semana, cada año y en toda su extensión a menos que complete el diamante y cumpla el propósito por el cual Dios lo puso en esta Tierra. Esa es la única manera de anotar en el plan de juego de Dios para la vida.

¿Se decidirá?

¿Por qué no triunfa la gente de acuerdo con el plan de Dios? ¿Por qué se atoran en tercera base? Creo que una de las razones principales es que la gente está confundida acerca de a quién servirán. La Biblia lo llama doble ánimo. El libro de Santiago dice que muchas de nuestras oraciones por deseos materiales y por los deseos de la vida no se cumplen, porque deseamos que Dios nos sirva a nosotros en lugar de desear servir a Dios.[1] Decimos que confiamos en Dios y que deseamos su voluntad para nuestra vida, pero en cambio, nos entregamos a nuestros propios intereses egoístas. Incluso los primeros discípulos lo hicieron. Recuerda que Santiago y Juan deseaban sentarse a la diestra y a la siniestra de Jesús una vez que estableciera su Reino. Se suponía que ellos debían estar sirviendo a Jesús y a su prójimo, pero de alguna manera trasladaron el enfoque a ellos.

Ese es un peligro para todos nosotros. ¿Cómo le está yendo en este aspecto? ¿Existe para servir a Dios o piensa que Dios existe para servirlo a usted? Si todavía no lo ha determinado, usted tendrá un doble ánimo, yendo de atrás para adelante entre esas dos maneras de pensar. Como resultado, usted en realidad nunca llegará a ningún lugar en la vida.

Permítame mostrarle cómo puede impactarle esto, proporcionándole un ejemplo. Yo vivo en los suburbios del noreste de Atlanta, Georgia. Imagínese que tengo una semana de vacaciones en las fiestas de Navidad y estoy intentando decidirme a dónde deberíamos ir mi familia y yo. Podríamos ir a mi ciudad natal de Grand Rapids, Michigan. Eso es muy atractivo. Ahí es donde yo crecí. Fue donde comencé a servir como pastor. Tengo familia y muchos amigos allá. Creo que nos divertiríamos, de manera que el primer día de vacaciones, nos embarcamos en el camino de ochocientas millas.

Viajamos quinientas millas el primer día. Cuando paramos en el hotel para pasar la noche hacía frío. Y es cuando comienzo a pensar cómo es Michigan en diciembre. La temperatura promedio es de veintisiete grados Fahrenheit (-2 °C). Hay hielo y nieve por todos lados. Eso no es muy atractivo. A la mañana siguiente cuando nos levantamos, estaba helado. Y es cuando me doy cuenta de que pasará mucho tiempo antes del calor del verano. ¿Por qué nos estamos dirigiendo al norte?

"De acuerdo, todos—le digo a la familia—, cambio de planes. ¡Nos dirigimos a Key West!". Viramos el carro hacia el sur y comenzamos a conducir. Todos estamos pensando en el clima de setenta y cinco grados Fahrenheit (23 °C) y en las brisas tropicales. Conducimos hacia el sur y dejamos atrás Atlanta. El segundo día nos detenemos en el norte de Florida. Fantástico. En un día más de carretera estaremos en Key West.

Pero ahora lo pienso dos veces. Le dije a mi familia y amigos de Michigan que los veríamos. No está bien dejarlos plantados. Y entonces nos dirigimos al norte otra vez. Conducimos dos días más. Pero llegamos al frío de nuevo y me acuerdo de cuánto detesto la nieve y el hielo. Comienzo a soñar otra vez con el clima cálido. Nos quedamos en el hotel otro día para decidir, y luego se me ocurre. Hemos usado seis de nuestros siete días. Lo único que podemos hacer ahora es usar el último día para conducir de vuelta a casa.

La Biblia dice que las personas de doble ánimo son inestables en todo lo que hacen. Al igual que yo cuando no puedo decidir cómo pasar las vacaciones, ellos nunca llegan a ningún lugar que valga la pena.

La perspectiva de John

Una de mis historias favoritas de la vida real acerca de la toma de decisiones involucra a Ronald Reagan cuando era pequeño. Su tía le ofreció que le confeccionaran un par de zapatos. Cuando el zapatero le midió sus pies, le preguntó al chico si deseaba que los zapatos tuvieran punta redonda o cuadrada. El chico no podía decidir. Días más tarde, el zapatero vio al chico en la calle y le preguntó si había decidido la forma de los zapatos.

—Todavía no me he decidido —respondió.

—Muy bien —dijo el zapatero—. Tus zapatos estarán listos mañana.

Cuando Reagan recogió los zapatos, uno tenía una punta redonda y el otro tenía una punta cuadrada. Esa fue una lección de toma de decisiones que el futuro presidente nunca olvidó.

Posiblemente, *de doble ánimo* o *indeciso* describe el viaje de fe de la mayoría de la gente de nuestro país que se hace llamar cristiana. Ellos en realidad nunca llegan a ningún lado, porque no se deciden acerca de a quién servir. Ellos dicen algunos días, semanas o meses: "Estoy aquí para servir a Dios". Durante algún tiempo, ellos viajan en la dirección de Dios. Adoran a Dios cada ocho días. Pasan tiempo diario leyendo la Biblia y orando. Buscan la sabiduría de Dios, obedecen sus impulsos y sirven a los demás.

Pero luego se distraen. Se dejan llevar por sus antiguos hábitos. Fallan en su diezmo. Olvidan leer la Biblia. Dejan de orar la mayor parte del tiempo. Cuando recuerdan hablar con Dios, es una oración de "dame": *Dios, por favor dame un buen día, dame el aumento que he estado esperando, dame eso que he estado deseando.* Se dejan absorber por las presiones de la vida y esperan que Dios les sirva a medida que viajan por la senda de la vida con sus propios planes. Aunque conocen el valor del plan de juego de Dios, ellos regresan a correr las bases de la vida en dirección equivocada.

La buena noticia es que podemos cambiar. No necesitamos correr las bases de la vida a la manera del mundo. Podemos aceptar la invitación de Dios de correr contrarios al patrón del mundo, como lo describe Romanos 12:1-2. En *El jonrón*, he hablado mucho acerca del versículo 2, pero la clave para ganar esta batalla está contenida en el versículo 1: *"Por lo tanto, hermanos, tomando en cuenta la misericordia de Dios, les ruego que cada uno de ustedes, en adoración espiritual, ofrezca su cuerpo como sacrificio vivo, santo y agradable a Dios.* No se amolden al mundo actual, sino sean transformados mediante la renovación de su mente. Así podrán comprobar cuál es la voluntad de Dios, buena, agradable y perfecta" (énfasis añadido).

Vaya interesante ejemplo: un sacrificio vivo. ¿Cuál es la característica esencial de todos los sacrificios? ¡Están muertos! Para conformarnos con el patrón de Dios, debemos morir al yo — nuestros deseos egoístas y patrones pecaminosos de la vida—; y al morir a ellos, de verdad vivimos para Dios. ¿No es curioso que nuestra muerte en vida produzca vida en abundancia? Para obtener más de lo que deseamos en la vida —aquello adicional que Dios ha puesto en nosotros y desea darnos— debemos darle más a Dios. Debemos darle todo nuestro corazón y nuestra vida.

Días de gloria

Nuestra cultura nos anima a perseguir la gloria personal. Mucha gente se encuentra impresionada por ella. Por ejemplo, lo vemos en los deportes todo el tiempo. Nos asombramos con los atletas que pueden hacer clavadas espectaculares en la canasta de básquetbol. *¡Asombroso!* —pensamos—, *¿puedes creer que acaba de hacer eso?* ¿Por qué nos impresionamos tanto? ¡Porque meros seres humanos crearon el juego! Establecemos la altura del aro a diez pies del suelo [3 m], claramente al alcance de mucha gente —no de mí, pero de muchos—. Pero, ¿y si pusiéramos el aro a treinta pies [9 m]? Ningún jugador de básquetbol se llevaría la gloria. Como seres humanos, ponemos las cosas al alcance y luego celebramos nuestros logros.

Lo mismo sucede en el béisbol. La distancia del *home* a la cerca en la mayoría de estadios es de alrededor de 325 pies [99 m] en la línea de *foul* y aproximadamente 400 pies [122 m] en el jardín central. Si un jugador de béisbol puede hacer setecientos jonrones en una carrera, lo consagran en el Salón de la Fama en Cooperstown. ¿Pero y si la valla de jonrón estuviera establecida a, digamos, una milla [1 609 m] o diez millas [16 090 m], o mil millas [1 609 000 m]? No habría gloria. Isaías 66:1 dice que la Tierra es el estrado de Dios. Creo que Dios clavaría la pelota en básquetbol sin importar cuán alta estuviera, porque tendría que agacharse para alcanzarla. Y podría golpear una bola de béisbol hasta Júpiter si lo deseara.

Nosotros le damos *gloria* a la gente muy fácilmente Nos impresionamos con muy poco. Decimos que la humanidad puede llevar a cabo cosas asombrosas, pero solamente en comparación con otros seres humanos. Son cualquier cosa comparadas con Dios. Por lo tanto, si usted le dará su alabanza y gloria a alguien, eleve el nivel de lo que le impresiona y déle la gloria al único que la merece: ¡Dios!

No podemos tener una vida de jonrón haciendo de nuestro objetivo nuestra gloria personal. La importancia en la vida no proviene de glorificarnos a nosotros mismos. Proviene de darle a Dios mayor gloria. No podemos dividir nuestro corazón y nuestra mente, y esperar triunfar de acuerdo con el plan de juego de Dios. Necesitamos centrar nuestra vida en Dios y darle a Él toda la gloria.

El rey Salomón del antiguo Israel, quien se dice que es el hombre más sabio que ha vivido, averiguó esto hace casi tres mil años. En el libro de Eclesiastés, Salomón relata cómo vivía de acuerdo con los estándares del mundo, probando todo aquello que los seres humanos prometen que traerá plenitud: trabajo, riqueza, proyectos, pasatiempos, sexo, éxito. Dice que no se privó de ningún placer. Pero todas estas cosas fueron insignificantes. Él lo llama "correr tras el viento".[2] Una vida de búsqueda egoísta sin límites llevó a Salomón a una conclusión:

> *Teme, pues, a Dios y cumple sus mandamientos,* porque esto es todo para el hombre. Pues Dios juzgará toda obra, buena o mala, aun la realizada en secreto.[3]

En otras palabras, la mejor vida posible viene de venerar a Dios y obedecerlo. Así es como hacemos puntos en la vida de acuerdo con el plan de Dios.

Seríamos sabios al darnos cuenta de que esta es la manera en que Dios intenta ayudarnos a adecuarnos a lo que es verdaderamente significativo en la vida, lo que importa desde una perspectiva eterna. Si no *adecuamos* nuestro pensamiento, haremos lo que hace nuestra cultura: confundiremos el tamaño de lo importante de la vida. Vivimos en una cultura que tiende a agrandar las cosas terrenales y a empequeñecer las cosas eternas.

La perspectiva de John

De niño, mi padre me llevó a escuchar hablar al gran predicador E. Stanley Jones. Luego del mensaje, acompañé a mi papá a conocer al Dr. Jones, quien me impuso manos y oró por mí. Fue una experiencia increíble.

El Dr. Jones una vez dijo todo lo que no sea Dios te defraudará. ¿Por qué? ¡Porque lo que no es Dios no está cimentado en la eternidad!

Si no nos damos cuenta de la importancia del mundo espiritual y no intentamos salir de nosotros mismos a tratar de abrazar la eternidad, nos volvemos cortos de vista. Nos volvemos como los muchachos cuando están a punto de entrar a la escuela media-superior. ¿A qué me refiero con eso? Asistir a la escuela parece ser eterno cuando estás creciendo. Y después de todos los años de escuela primaria y luego de escuela media, cuando llegamos a la preparatoria parece ser muy importante. Pensamos que es la culminación. De hecho, podemos creer que la escuela media-superior es la vida real. Podemos terminar viviendo por esos momentos en la media-superior en lugar de vivir para nuestro futuro.

Los padres solícitos intentan ayudar a sus hijos a evitar esta trampa. "Escucha —dicen ellos—, la escuela media-superior es la *preparación* para la vida real, no es la vida real. Esos cuatro años llevan a posiblemente cuatro años de universidad, luego a cuarenta años de hacer la vida real. No quedes absorto con la escuela media-superior y tomes decisiones tontas porque pensabas que era la vida real".

Yo sostenía repetidamente estas conversaciones con mi hija, Julisa. Como la mayoría de la chicas, ella a veces sentía que la aceptación o el rechazo de la escuela media-superior, y el drama de las relaciones eran definitivos en su vida. Yo solía decirle: "Seguro, te importa ahora. Pero no vivas por ello como si fuera el fin de tu vida. La escuela pasará. Los recuerdos de los ganadores y los perdedores de los deportes y la popularidad se desvanecerán tan pronto como llegue la graduación. Antes de que pase mucho tiempo, pasarás de la cima del último año de preparatoria a la base del primer año de universidad. Avanzarás de estar en la universidad a graduarte y entrar a la base del mundo laboral. Las presiones de la vida real de conseguir un empleo, ser responsable de ti misma, casarte con el hombre que decidas amar algún día, te harán mirar en retrospectiva y reírte de cuán en serio tomaste la escuela media-superior". Y eso fue lo que sucedió. Julisa terminó la universidad, consiguió su primer empleo en la docencia y se casó. Su vida luce mucho más grande ahora que en la escuela media-superior.

Necesitamos darnos cuenta de que la vida en la Tierra es la escuela media-superior. Mientras estamos en ella parece serlo todo. Pero comparada con la eternidad y la gloria de Dios, es pequeña. Creo que la eternidad revelará que nuestra vida aquí solamente era la preparación. De manera que, ¿está usted viviendo para la universidad con respecto a su tiempo en la Tierra? Porque cuando vivimos para la vida terrenal, tendemos a temer a la gente en lugar de a Dios. Y luego tendemos a hacer lo que el mundo nos dice en lugar de hacer lo que Dios nos dice. ¿Está usted viendo el panorama general y sirviendo a Dios por el bien de la eternidad? ¿O está comiendo las sobras para su propia gloria temporal?

Jesús intentó comunicar este mensaje en muchas maneras, diciendo:

- "¡Tengan cuidado! Absténganse de toda avaricia; la vida de una persona no depende de la abundancia de sus bienes".[4]

- "No acumulen para sí tesoros en la tierra, donde la polilla y el óxido destruyen, y donde los ladrones se meten a robar. Más bien, acumulen para sí tesoros en el cielo, donde ni la polilla ni el óxido carcomen, ni los ladrones se meten

a robar. Porque donde esté tu tesoro, allí estará
también tu corazón".[5]

* "¿De qué sirve ganar el mundo entero si se pierde
  la vida? ¿O qué se puede dar a cambio de la
  vida?".[6]

A pesar de lo que diga la calcomanía del parachoques, quien
vive con más juguetes no es el que gana. Como dijo el apóstol
Pedro, todo en este mundo material se quemará —casas, trofeos,
coches, joyas, dinero, tecnología, arte, transporte, monumentos,
ciudades—.[7] Será la fogata suprema. Sabiendo eso, ¿cómo deberíamos vivir? Nosotros debemos existir para Dios y su gloria.

El apóstol Pablo lo entendió. Este fue el tema recurrente en
sus cartas. Él escribió:

* "Por eso Dios lo exaltó [a Jesús] hasta lo sumo y
  le otorgó el nombre que está sobre todo nombre,
  para que ante el nombre de Jesús se doble toda
  rodilla en el cielo y en la tierra y debajo de la
  tierra, y toda lengua confiese que Jesucristo es
  el Señor, para *gloria* de Dios Padre" (énfasis
  añadido).[8]

* "Porque todas las cosas proceden de él, y existen
  por él y para él. ¡A él sea la *gloria* por siempre!
  Amén" (énfasis añadido).[9]

* "En conclusión, ya sea que coman o beban o
  hagan cualquier otra cosa, háganlo todo para la
  gloria de Dios" (énfasis añadido).[10]

¿Es de sorprenderse que la primera pregunta y respuesta del
Catecismo Mayor de Westminster sea la siguiente?:

Pregunta: *¿Cuál es el fin principal y más noble del
hombre?*

Respuesta: Glorificar a Dios y gozar de Él para siempre.

Esto se escribió en la década de 1640. Si lo estuviéramos escribiendo ahora, posiblemente diría glorificar a Dios y servirlo para siempre.

La vida es demasiado incierta; Dios no lo es. Nosotros no tenemos control sobre muchas de las circunstancias o los resultados de nuestra vida. La vida a menudo es demandante, difícil y dolorosa. Y enfrentamos temporadas y ciclos de incertidumbre. Trabajamos duro, pero luego una recesión económica nos voltea la vida de cabeza. Intentamos permanecer sanos, pero el cáncer aparece en escena de todas formas. Pasamos décadas planeando el retiro, pero un ataque cardiaco nos elimina antes de que podamos disfrutarlo. Oramos por milagros que no llegan. Soñamos con tener un hijo, no obstante, nunca llega a pesar de todos los avances médicos. O somos bendecidos con hijos, solo para verlos elegir una vida obstinada y destructiva.

Si lo único para lo que vive en la Tierra es para sí mismo, se desilusionará. No es de sorprenderse que la gente se hunda más profundamente en las deudas, se rinda ante toda satisfacción, se vuelva adicta, se escape mediante el abuso de una sustancia o contemple el suicidio. Dios nos invita a vivir más en grande. Él desea que sepamos que estamos hechos para Él y para la eternidad. Tenemos un propósito más grande que la Tierra. Y hemos sido comprados por precio, con la sangre de Jesucristo, y tenemos un futuro con Él para el que nos estamos preparando en la Tierra. Podemos decidir vivir de forma que le dé la gloria a Dios. ¡Y esa gloria durará! Nunca se acaba.

Cómo anotar dándole gloria a Dios

De todas las cosas que Dios comparte —el aliento de vida, su Hijo Jesús, sus bendiciones y su favor—, su gloria no se encuentra en la lista. De hecho, Él no puede compartir su gloria. ¿Por qué? Porque

Él no puede mentir. Nosotros somos los creados, no el Creador. Nada de lo que hacemos por nuestra mano se compara con lo que Dios hace. Si deseamos una vida de jonrón, necesitamos llevarle a Dios en el *home* nuestros talentos, habilidades y todos los éxitos de tercera base que Dios nos confíe. De esa manera podemos hacer que nuestra vida cuente para algo más grande que nosotros mismos o que nuestro breve tiempo en la Tierra. ¿Cómo lo hacemos? Al practicar las siguientes cuatro cosas:

1. Haga aquello para lo que fue creado... para la gloria de Dios.

Cuando algo que Dios ha creado cumple su propósito, Dios es glorificado. Estudie la naturaleza y sentirá la verdad de esto. Cuando ve una flor florecer, hay belleza en ello, no solo visualmente, sino en el hecho de que la planta está haciendo aquello para lo que fue creada. Cuando vemos a un águila planear por el viento, eso le da gloria a Dios, a medida que lleva a cabo su propósito creado.

Por el contrario, cuando algo se usa incorrectamente para un propósito contrario a su naturaleza creada, Dios no es glorificado. Resulta fácil ver cuando las cosas que la gente crea son usadas para el propósito equivocado. Probablemente podríamos poner un clavo en una pieza de madera, utilizando una llave inglesa o un libro o un jarrón pesado, pero un martillo funciona mucho mejor. Y es poco probable que se dañe en el proceso. Esta es una de las razones por las que el pecado no glorifica a Dios. El pecado nos daña, lastima a los demás y desperdicia nuestra vida. Cuando violamos el propósito creado de algo, esto distorsiona el valor y el propósito de la cosa creada. El pecado siempre tiene un precio y crea la necesidad de limpiar un desastre.

Hay placer y belleza que surgen de algo o alguien que cumple su propósito. Incluso podemos verlo en la manera en que la gente corre las bases de la vida a la manera de Dios. Cuando una persona ora a Dios en el *home* y tiene una sensación de paz, Dios es glorificado. Cuando alguien hace lo difícil en primera base diciendo la verdad en lugar de tomar el camino fácil, Dios es glorificado. Cuando una madre se preocupa por su hijo o un joven adulto sirve a un padre anciano, estas acciones en segunda base glorifican a Dios. Y en tercera base, cuando un maestro le ayuda a un alumno a finalmente comprender, o un cantante talentoso se para en el escenario y comunica una canción, o un empresario hace surgir una empresa de la nada y la utiliza para servir a sus clientes, Dios es glorificado.

La gente sabe cuando alguien o algo está cumpliendo su propósito. Cuando lo vemos, algo en nuestro interior resuena. Cuando sucede, hay una belleza innegable. Los no creyentes lo sienten, pero a menudo no saben a qué atribuírselo. Los creyentes sabemos darle a Dios la gloria. Salmos 29:1-2 lo describe bien:

> *Tributen al Señor, seres celestiales,*
> *tributen al Señor la gloria y el poder.*

> *Tributen al Señor la gloria que merece su nombre;*
> *póstrense ante el Señor en su santuario*
> *majestuoso.*

Cuando hacemos aquello para lo que Dios nos creó, y le tributamos a Él la gloria, resaltamos la grandeza de Dios al mundo. Pero debemos hacerlo con el espíritu correcto. Esa es la clave. El apóstol Pablo lo confirmó en sus cartas a la Iglesia. Cuando les hablaba a los esclavos, les aconsejaba: "Hagan lo que hagan, trabajen de buena gana, como para el Señor y no como para nadie en este mundo, conscientes de que el Señor los recompensará con la herencia. Ustedes sirven a Cristo el Señor".[11] Es posible glorificar a Dios en las acciones más pequeñas —incluso en la manera en que comemos y bebemos—. Pablo nos amonestó: "Háganlo todo para la gloria de Dios".[12]

Si su motivación es servir para la gloria de Dios en lugar de la suya propia, cada acto que utilice sus dones se convierte en un acto de adoración, una glorificación a Dios. Cuando hace la cena, cuando sirve a un amigo, cuando gana un dólar. Cuando hace su trabajo. Cuando ayuda a un niño. Si su corazón es para Dios, de igual manera lo serán sus acciones.

2. Entréguese... para la gloria de Dios

Cuando José soñó consigo mismo frente a otros mientras ellos se inclinaban, pensó que era una visión de su gloria futura. Para cuando el sueño se cumplió de verdad, José comprendió que en realidad se trataba de servir a los demás para la gloria de Dios. ¿Recuerda cuando sus hermanos se arrodillaron a sus pies en Egipto, José dijo: "No tengan miedo —les contestó José—. ¿Puedo acaso tomar el lugar de Dios? Es verdad que ustedes pensaron hacerme mal, pero Dios transformó ese mal en bien para lograr lo que hoy estamos viendo: salvar la vida de mucha gente. Así que, ¡no tengan miedo! Yo cuidaré de ustedes y de sus hijos". Este pasaje continúa diciendo que los reconfortó con el corazón en la mano.[13]

Cuando era un chico de diecisiete años, José pensó que el sueño se trataba acerca del éxito en tercera base. Pero en realidad se trataba acerca del poder y el propósito que provienen de recorrer todas las bases en la dirección correcta y regresar a Dios en el *home*. Nunca se trató acerca del éxito de José. Fue sobre el servicio de José, de dedicar su vida para algo más grande que sí mismo.

Dios siempre tiene en mente algo más grande que nuestro mero éxito cuando nos dirige en el viaje de la vida. Con más frecuencia, su mayor propósito para nosotros se relaciona con salvar a la gente, como sucedió con José. Se trata acerca de servir y enseñar a otros en el nombre de Jesús. Jesús les instruyó a sus discípulos que cualquier poder que tuvieran era para ayudar a los demás. Él redefinió la grandeza, diciendo: "Pero entre ustedes no debe ser así. Al contrario, el que quiera hacerse grande entre ustedes deberá ser su servidor, y el que quiera ser el primero deberá ser esclavo de los demás; así como el Hijo del hombre no vino para que le sirvan, sino para servir y para dar su vida en rescate por muchos".[14]

La perspectiva de John

En 2012, mi organización sin fines de lucro, EQUIP, presentó una conferencia de liderazgo en el sur de Florida para los líderes voluntarios de 177 naciones que han trabajado para capacitar líderes en todo el mundo. Yo estaba muy emocionado al respecto, porque sería la primera vez en la historia de dieciséis años de EQUIP que estos líderes y muchos de los voluntarios y donadores estadounidenses se reunirían.

Tuvimos muchas sesiones de capacitación, sostuvimos reuniones informativas y disfrutamos tiempos de adoración dirigidos por Darlene Zschech; pero nada de eso fue la parte destacada del evento. Para mí, el mejor momento fue cuando los líderes de EQUIP lavaron los pies de los representantes internacionales que habían estado dirigiendo y sirviendo en todo el mundo. Esa fue nuestra oportunidad de expresarles nuestra gratitud en la manera más simbólica que pudimos. Fue una de las noches más significativas de mi vida.

En 12Stone Church expresamos esta idea como "entregarnos", y es una de nuestras principales creencias. La naturaleza de Dios es dar —"Porque tanto amó Dios al mundo, que dio a su Hijo unigénito"[15]—, de manera que nosotros deseamos emular el ejemplo de Dios. En 12Stone, la cual creemos que es nuestra base, creemos que Dios nos ha pedido que nos entreguemos para alcanzar a los perdidos, servir al más pequeño de los hermanos y levantar líderes. Creemos que así nos convertimos en la mano y el corazón de Dios para el mundo que nos rodea.

Yo recuerdo el día en que Dios comenzó a imprimir en mi corazón el valor de entregarse. La iglesia tenía dieciséis años y yo sabía que nuestro siguiente movimiento era convertirnos en una iglesia con varios campus, ser una iglesia con varias instalaciones. Comencé a buscar nuestra siguiente ubicación, y cuando me encontré con un almacén que había cerrado, yo estaba convencido de que la había encontrado. Comencé la práctica regular de detenerme en la propiedad y orar para que Dios usara ese lugar para cambiar vidas para su gloria.

Pasaron algunos meses y sentí que era tiempo de hacer un movimiento de liderazgo. Me estaba preparando para ser un visionario y levantar fondos, cuando descubrí un letrero temporal en el edificio que indicaba que otra iglesia iba a hacerlo su hogar.

Yo estaba enfadando. "¡Qué pérdida de tiempo —me quejé con Dios—! He pasado mucho tiempo orando. Ahora ya fue tomado. Ni siquiera lo entiendo, Señor. Ese habría sido un grandioso lugar para una iglesia".

—*Es* un grandioso lugar para una iglesia —sentí que Dios me estaba comunicando—, y esa *es* una iglesia. ¡El único problema parece ser que no es la *tuya*!

—Señor, sabes a qué me refiero —respondí, sabiendo que ahora estaba en una discusión que no podría ganar—. Yo lo deseaba para tu gloria.

—Lo será.

—De acuerdo, bien. Es para tu gloria.

—Hijo —sentí que Dios me decía—, si ibas a levantar fondos para esa propiedad cuando pensabas que sería tuya para que la dirigieras, entonces levanta los fondos. Entrégate".

En ese momento me sentí como que yo era Jacob peleando con Dios. *Puedo recaudar dinero para otra iglesia*, pensé. *Eso arruinará lo que estoy haciendo en mi iglesia*. Parecía insensato. Dios me pidió que dirigiera 12Stone. *¿Y si nuestra gente da para esta iglesia y obtenemos menos? ¿Y si nos volvemos menos?*, pensé.

Yo no podía negar que Dios deseaba que yo hiciera eso. De manera que hablé con mi junta. Ellos pensaron que era una buena idea. Ahora ya no podía escaparme. Por lo tanto, compartí toda la historia con 12Stone y confesé mi inquietud. Luego los invité a entregarse para que otra iglesia pudiera ganar. Y sin previo aviso, solamente respondiendo en el momento, ¡ellos dieron generosamente! Yo continuaba incómodo. Sin embargo, añadí mi cheque personal y sentí que Dios estaba siendo honrado con nuestra obediencia.

Al final de ese domingo, Marcia me preguntó: "¿Cuánto diste personalmente?". Cuando le dije, ella respondió: "Bueno, tengo que decirte, Dios me dijo un número que era diez veces esa cantidad".

—Caramba, ¿de verdad? —respondí— Porque a mí no me dijo eso.

—Bueno, ¡Él me lo dijo a mí! —contestó.

Yo suspiré.

—De acuerdo, Dios y tú ganan —y extendí otro cheque personal con diez veces la primera cantidad. Marcia sonrió. Creo que Dios también sonrió.

Esa semana llamé al pastor, con quien nunca me había reunido, y él estuvo de acuerdo en verme en el Starbucks, aun sin saber el propósito de la reunión. Luego le conté la historia, entregándole un cheque de nuestra iglesia que era de alrededor de $35 000 dólares, lo cual era grande para nosotros. Yo sé que lo dejó anonadado, pero curiosamente eso también me cambió a mí. Y cambió a nuestra iglesia. Dios nos estaba recordando que no se trata de nosotros y nuestra gloria. Se trata acerca de entregarnos por su gloria.

Desde entonces, como iglesia hemos entregado el primer diez por ciento de lo que recibimos en las ofrendas generales. Francamente, Dios a menudo nos habla de dar mucho más a medida que continuamos aprendiendo a entregarnos. Esperamos que sea una expresión de lo que Jesús desafió a sus discípulos a hacer en Mateo 5:16, cuando dijo: "Hagan brillar su luz delante de todos, para que ellos puedan ver las buenas obras de ustedes y alaben al Padre que está en el cielo". Yo no sé por qué parece tan difícil aprender esta lección. Pero a mí me marcaron las palabras del novelista Stephen King. Al comienzo de su discurso al Vassar College, en mayo de 2001, él habló acerca de la importancia de entregarse. Él dijo:

Que la vida humana es breve cuando se coloca en la amplia perspectiva del tiempo, es algo que todos sabemos. Les estoy pidiendo que lo consideren en un nivel más visceral, eso es todo [...] ¿Qué harán? Bueno, les diré una cosa que no pueden hacer, y eso es llevársela consigo...

Llegamos desnudos y quebrados. Podemos estar vestidos cuando salgamos, pero continuamos igual de quebrados. ¿Warren Buffet? Se irá quebrado. ¿Bill Gates? Se irá quebrado. ¿Tom Hanks? Se irá quebrado [...] ¿Steve King? Quebrado. ¿Ustedes? Quebrados [...] ¿Y cuánto tiempo hay de distancia? [...] En un parpadeo...

No obstante, durante un corto período —digamos cuarenta años, pero que es un mero parpadeo en el mayor curso de las cosas— usted y sus contemporáneos ejercerán un enorme poder [...] ese es su tiempo, su momento. No se lo pierda. Creo que mi generación lo hizo, aunque no nos culpo demasiado; se acaba en un parpadeo y es fácil perdérselo...

¿Deberá usted entregar lo que tiene? Desde luego que sí. Deseo que considere hacer que su vida sea un gran regalo para los demás, y, ¿por qué no? Todo lo que tiene es prestado de todas formas [...] todo lo que dura es lo que transmite. El resto es humo y espejos...

Dar no se trata del que recibe o del regalo, sino del dador. Es para el dador. Uno no abre su cartera para mejorar el mundo, aunque es bello cuando sucede; uno lo hace para mejorarse a sí mismo [...] Dar es una manera de quitar el enfoque del dinero que hacemos y devolverlo a donde pertenece —en la vida que llevamos, las familias que criamos, las comunidades que nos alimentan—...

De forma que les pido que comiencen la siguiente gran fase de su vida dando, y continúen a medida que comienzan. Creo que al final se darán cuenta de que obtuvieron mucho más de lo que tenían, e hicieron más bien del que soñaron.[16]

Yo no sé nada acerca de la fe de Stephen King. Posiblemente sea creyente; tal vez no. Pero de cualquier manera, él comprende que estamos aquí en la Tierra no solamente para ganar para nosotros mismos, sino para entregarnos. Como seguidores de Cristo, nosotros sabemos que lo hacemos para la gloria de Dios.

En 12Stone nos inspiramos con la historia del buen samaritano y le ofrecemos un lema a la gente: "Bájese de su asno". Los desafiamos a hacer algo para alguien que está golpeado en el camino de la vida. Eso es lo que separó al buen samaritano de todos los demás. Las simples buenas intenciones cuando caminamos junto a la gente en necesidad son insignificantes. Necesitamos bajarnos de nuestro asno y ayudar. ¡Eso le da la gloria a Dios!

3. Invite a otros al viaje de la fe... para la gloria de Dios

Nada de lo que podamos hacer mientras estemos en esta Tierra es más importante que dirigir a otra persona para encontrar y seguir a Cristo. Aunque podamos ver el valor de ser las manos de Dios y de mostrarles a los demás su corazón, nunca podemos olvidar que Dios no envió a Jesús a entregar su vida para salvar la vida física. Él lo hizo para dar vida *eterna*. Todo lo que existe en la Tierra se consumirá en el gran fuego al final del mundo, pero el alma de cada persona durará para siempre. Pablo escribe en 2 Corintios 5:16-20 que se nos ha confiado el ministerio de la reconciliación. Nuestro trabajo es invitar a la gente al viaje espiritual y mostrarles el camino a Cristo si nos permiten.

A veces la gente se nos acerca y nosotros les hablamos acerca de Cristo. Ese fue el caso de Chris Huff. La iglesia había estado abierta solo un par de años cuando Chris llegó con su esposa, Lisa, y sus tres hijos pequeños.

—Vine para tranquilizar a mi esposa —Chris me dijo rápidamente—. Solo deseaba que usted supiera que yo no creo en nada de esto.

Chris se llamó un ateo.

—Bueno —respondí—, ¿le gustaría cerrar una iglesia?

—¡Me gustaría! —respondió Chris con entusiasmo.

—Entonces reúnase unas cuantas veces conmigo para almorzar y convénzame de que la Biblia es una broma —lo desafié—. Si puede lograrlo, cerraré la iglesia. Si no, únase a Jesús y a la iglesia. ¿Qué dice?

Ahora Chris es parte del personal. Pasó de ser escéptico, a creyente, a seguidor de Cristo, a ministro laico, a pastor vocacional a tiempo completo.

Chris se me acercó porque soy pastor. Pero el ministerio de reconciliación no se supone que esté confinado dentro de las paredes de la iglesia. Yo intento invitar a la gente al viaje espiritual en dondequiera que los encuentro: en mi vecindario, en el gimnasio, durante las actividades de mis hijos. Usted también debería hacerlo.

Cuando Dios lo tiene en el mapa, Él lo tiene en una misión. La gente que lo rodea en todas las áreas de la vida —el trabajo, en el parque, en su vecindario o comunidad, en el campo de golf— están ahí para que usted los invite al viaje de la fe. Posiblemente deba invitar a alguien a su iglesia donde escuchará la verdad a lo largo del tiempo. Tal vez deba ser un comunicador para alguien que está intentando manejar las dificultades de la vida. Posiblemente Dios desea que usted sea más directo y comparta su historia de fe. Mantenga sus ojos y sus oídos abiertos. Dios ruega a través de nosotros. Nosotros necesitamos estar conscientes de las oportunidades que Dios nos da y ser sensibles a los estímulos del Espíritu Santo.

Como seguidores de Cristo, nosotros nunca tenemos la opción de dejar de preocuparnos por los demás. La mayoría de la gente del mundo que nos rodea no conoce a Jesús. Recordé esto hace varios años durante una temporada en que estaba agotado. Me había cansado del esfuerzo de añadir más servicios, el trabajo de expandir los edificios, y el trajín de enseñar algo centrado en Dios y culturalmente actual cada ocho días. "¿Cuánto tiempo más tengo que continuar alcanzando a más y a más gente?". Le dije a Dios entre dientes durante uno de mis tiempos de oración.

Él parecía estar interesado en utilizar esto para una conversación. "Tú tienes tres hijos" lo cual era cierto en ese momento. Luego vino el siguiente pensamiento. "Bueno, hijo, esto es lo que deseo que hagas. Primero, escribe los tres nombres en tu diario". Lo hice. "Ahora —continuó Dios—, circula dos nombres. Esos dos pasarán la eternidad conmigo. ¡El otro no! Tú eliges".

No puedo describirle la agitación emocional que surgió en mi alma. De alguna manera pude interiorizar la intensidad de ese momento. Literalmente comencé a llorar. Pensar que uno de mis hijos pasaría la eternidad sin Dios me deshizo. Yo me deshice como si las lágrimas suplicaran: "Nunca, Dios. Tú te has hecho demasiado real para que te niegue. No puedo permitirme pensar en que mis hijos estén separados de ti. Si me das tres hijos, entonces te llevas a los tres al cielo".

En la intensidad de ese momento, el Espíritu Santo dijo suavemente: "Cuando dos de tres esté bien para ti, estará bien para mí. Hasta entonces, alcanza a la gente como si fueran tus hijos".

Eso puso mi pensamiento en la perspectiva correcta. Nosotros siempre estamos en peligro de hacer que la iglesia se trate acerca de nosotros, haciéndola acerca de la gente que ya está en la iglesia, en lugar de hacerlo acerca de los que todavía no están. Necesitamos entregar nuestra vida a lo que importa de verdad, lo que dura. No podemos tener una vida de jonrón si no estamos atendiendo la vida eterna de las demás personas. Entregarnos a los demás para alcanzar espiritualmente a los perdidos no solo cambia la vida de la gente, también glorifica a Dios.

4. Ayude a otros a descubrir aquello para lo que fueron creados... para la gloria de Dios

Creo que todos tienen un propósito que les es dado por Dios. Efesios 2:10 dice: "Porque somos hechura de Dios, creados en Cristo Jesús para buenas obras, las cuales Dios dispuso de antemano a fin de que las pongamos en práctica". Está muy claro que hay cosas que Dios desea que hagamos en este mundo. Sin embargo, no todos nosotros podemos averiguar por nuestra cuenta para qué nos creó Dios. Algunas personas necesitan ayuda para averiguarlo. Eso también es parte de aquello por lo que estamos en la Tierra, porque también glorifica a Dios cuando ayudamos a otros a descubrir sus dones y a usarlos para cumplir el propósito de Dios para su vida.

El proceso comienza al ayudar a la gente a crecer en fe —al ganar con Dios y ganar en el interior—. Continúa al ayudarlos a aprender a ganar con los demás. Y crece a medida que les ayudamos a obtener resultados y completar el circuito del diamante en el *home*, haciendo aquello para lo que Dios los creó.

Yo he recibido mucha ayuda en el aspecto de encontrar y perseguir mi propósito, de lo cual gran parte ha venido de John Maxwell. Su orientación ha sido inexplicablemente bondadosa y generosa. Ha sido el centro de mi viaje de jonrón. El deseo claro de John de añadirle valor a los demás no es un tópico ni son palabras ociosas. Es una convicción y un llamado.

Debido a que he aprendido demasiado de John y ha sido muy valioso para mí en mi vida y en mi carrera, ha sido mi deseo transmitirlo a otros líderes. Eso pronto se convirtió igualmente en una parte central del llamado de la 12Stone Church. La pregunta se volvió cómo hacerlo. Como iglesia, nosotros sabíamos que deseábamos tomar la responsabilidad de levantar a otra generación de líderes, ¿pero cómo?

Pronto me quedó claro que necesitábamos crear un centro de liderazgo. Sería un lugar donde los líderes jóvenes del ministerio podrían aprender de las enseñanzas de liderazgo de John y de otros, y luego practicar las habilidades aprendidas al practicar el ministerio en la iglesia local. Crearíamos una residencia que traería a graduados universitarios e invertiría en el desarrollo de su liderazgo del ministerio. Aprenderían en una manera similar a como aprenden los médicos que practican medicina en los hospitales durante su residencia.

Cuando esta idea nos fue clara a mí, a la junta directiva de la iglesia y al personal, Dios puso en mi corazón hablar con John acerca de llamarlo el Centro de Liderazgo John Maxwell. Mi primer deseo era honrar a John por una vida de proporcionarles valor a los líderes del Reino. Mi segundo deseo era extraer de los principios de liderazgo de John y proporcionarlos nuevamente al mundo de líderes de la siguiente generación. Como ya lo sabe, John estuvo de acuerdo con esto y nosotros nos sentimos exultantes. Estos esfuerzos de ayudar a otros a descubrir y a desarrollar las cosas para las que Dios los creó serán partes del legado en desarrollo de John.

La perspectiva de John

En el capítulo anterior expliqué que cuando estaba dirigiendo la iglesia Skyline, mi sueño era crear un centro de liderazgo. Ese era uno de mis mayores deseos. Creo que todo encuentra su auge y su caída en el liderazgo, y que la manera de hacer el mayor impacto en el mundo es desarrollando líderes. Es por ello que fundé EQUIP. Es por eso que he dedicado casi cuarenta años a capacitar líderes.

Cuando dejé de dirigir Skyline, sabía que estaba dejando el sueño de crear el centro de liderazgo. Eso fue muy doloroso para mí. De manera que no puedo expresar adecuadamente lo que representó para mí el día en que Kevin se me acercó para decirme que 12Stone estaría fundando un centro de liderazgo y me preguntó si podía ponerle mi nombre. Me quedé perplejo, y muy agradecido con Dios. El Señor estaba haciendo por mí algo que yo solo no podía hacer. Él lo estaba haciendo mejor de lo que yo podría hacerlo. Y no me estaba pidiendo hacer una sola cosa para que sucediera, además de dar mi bendición. ¡Qué obsequio!

Así es Dios. No podemos dar más que Él. Cuando Dios me

(continuado)

pidió que fuera mentor de Kevin, yo lo hice con agrado. Yo creo en invertir en líderes, y Kevin era un chico talentoso. Pero nunca esperé nada de ello. Esto es lo que sucedió, sin embargo: he recibido de Kevin más de lo que le he dado. La recompensa ha sido fantástica. Pero Kevin y yo sabemos que no se trata acerca de él ni de mí. Todo se trata acerca de Dios. Y nuestro deseo es que Él reciba toda la gloria.

Completar las bases

Cuando Jesús nos enseñó a acumular tesoros en el cielo, nos estaba desafiando a tener una perspectiva de la vida de jonrón. Nos estaba recordando que nuestro verdadero hogar está en el cielo por la eternidad, y que debemos vivir como si lo supiéramos. Un hombre que lo hizo fue Doug Edwards.

Yo conocí a Doug cuando 12Stone estaba buscando un terreno a finales de la década de 1990. Estábamos rápidamente agotando los 250 asientos en las primeras instalaciones que habíamos construido. Teníamos varios servicios y sabíamos que no pasaría mucho tiempo antes de que necesitáramos encontrar más propiedad y extendernos. Al poco tiempo de que comencé a buscar, descubrí que había un terreno de catorce hectáreas en una carretera principal, aproximadamente a una milla [1609 m] del edificio de la iglesia, en el que nos encontrábamos. Obviamente era la finca de alguien, pero reconocí que sería una ubicación fantástica para una iglesia.

No teníamos dinero para comprarla, pero un día, conduje a la finca determinado a conocer al propietario y comenzar una conversación. Yo no estaba seguro de qué decir, y para cuando llegué a la puerta, había perdido la valentía. Literalmente me di la vuelta, me subí al coche y me marché. *¡Qué pelele!*, pensé. "Dios —supliqué—, no sé qué hacer. Ayúdame".

A veces la mano de Dios simplemente tiene que tomar el control.

Semanas más tarde, en una tarde soleada, un amigo me pidió

que lo acompañara al campo de golf. Me encontré con él ahí, y con él estaba un inversor de negocios llamado Doug Edwards. Para mi completo asombro, descubrí que Doug vivía en la finca de catorce hectáreas que yo había encontrado. Había estado en la familia durante más de treinta años. ¿Qué más podía pedir un pastor? Dios había arreglado una cita.

A mí me tomó tiempo reunir el coraje de hablar con Doug acerca de la propiedad, pero finalmente lo invité a desayunar. Le compré una dona y le dije: "Doug, tu terreno sería un grandioso lugar para la iglesia".

Él fue amable, pero era como si me estuviera acariciando la cabeza y burlándose de mí. Él dijo: "Hijo, ¡no puedes costearla!".

"No dije que quisiera pagar por ella", repliqué rápidamente. Él se rió y eso fue todo.

Doug tenía razón. Nosotros no podíamos costearla. El valor del terreno era aproximadamente $1 millón de dólares. Pero cuando creemos que Dios tiene un sueño mayor que el que estamos viviendo, profundizamos nuestra dependencia y aprendemos a orar con mayor intensidad.

Meses más tarde, le pregunté a Doug si podía caminar en su propiedad de vez en cuando. Él aceptó, lo cual fue un error suyo. Debido a que yo estaba caminando en el terreno y orando Deuteronomio 11:24 sobre él, el cual dice: "Todo lugar donde planten el pie será de ustedes". Oraba y caminaba en el terreno cada semana, pidiéndole a Dios que pusiera en el corazón de Doug invertir en el Reino de Dios a través de donarle el terreno a la iglesia. Sí, suena ridículo, ya que Doug ni siquiera asistía a la iglesia. Pero nosotros servíamos al mismo Dios, y necesitábamos un milagro.

Meses más tarde, con otra dona matutina, Doug dijo que había estado orando y sentía que el terreno sería un gran lugar para una iglesia. Dijo que había determinado un precio y que le agradaría reunirse con la junta directiva y explicar la oferta.

Yo estaba ansioso y aprensivo acerca de esta noticia. Cuando me reuní con la junta de ancianos para decirles acerca de la oferta de Doug, también les expliqué lo que yo creía en realidad: "Doug vendrá a la siguiente reunión y creo que Dios le ha dicho que simplemente nos dé el terreno. Eso cambiará nuestra iglesia y cambiará la vida de la gente".

Uno de los miembros de mi junta se rió y dijo: "¿Alguien quiere de lo que el pastor ha estado fumando?".

Digamos que ellos no compartieron mi convicción. Pero todos estuvieron de acuerdo en que nos reuniéramos con Doug. Mientras tanto, yo continué orando.

Cuando llegó el día de la reunión, me senté en la mesa frente a Doug. Yo estaba listo para firmar los papeles de compra. Pero Doug me miró y me dijo: "Creo que Dios desea que done este terreno para que ustedes construyan esta iglesia". Él nos cedió los derechos ahí mismo. Mi junta no podía creerlo. Todo lo que pude decir fue: "¿Ahora alguien quiere de lo que el pastor ha estado fumando?". Ese fue un momento definitorio para todos nosotros.

Doug Edwards era muy exitoso en los negocios. Pero lo que él mostró ese día fue cómo hacer uso del éxito terrenal con un significado eterno. Doug utilizó el mismo dinero para hacer un impacto en el Reino. Fue una decisión de jonrón para cambiar la vida de la gente para Dios y para bien.

Doug se reunió con el Señor antes de que pudiéramos construir el nuevo *cen*tro de adoración. Pero desde entonces, Dios le ha permitido a 12Stone dirigir a varios miles de personas a la fe en Cristo. Yo considero a cada alma que alcanzamos, cada persona golpeada en el camino de la vida a quien servimos, cada líder que levantamos como un tesoro más acumulado en el cielo para Doug.

Ese es nuestro llamado: ser una fuerza para Dios y para bien. Nosotros debemos apuntar a la gente hacia Dios, darle a Él la gloria y entregarnos en el proceso. ¿Qué significa eso en un sentido práctico? Significa vivir de acuerdo con el plan de Dios: amar a Dios (el home), amarnos a nosotros mismos (primera base), amar a los demás (segunda base), amar lo que hacemos (tercera base), y hacerlo todo para la gloria de Dios (anotación). ¡Esa clase de vida de jonrón se entrega y obtiene más de lo que ha soñado!

La guía de aplicación de John

Preguntas para discusión

1. ¿Es posible que alguien corra las bases en la dirección correcta y aun así se atore en la tercera base o no logre regresar al home para llevar a cabo un mayor propósito para Dios? Explique.

2. ¿Para la gloria de quién está viviendo? ¿Ha hecho un compromiso definitivo de servir a Dios en su vida? ¿O continúa en la barda? ¿Qué lo está deteniendo, en caso de que haya algo?

3. Si usted ha decidido vivir para la gloria de Dios, ¿cómo se hace responsable de mantener sus esfuerzos enfocados en esa dirección en lugar de desviarse y buscar su propia gloria?

4. ¿Qué clase de cosas le ayudan a tener y a mantener una perspectiva eterna? ¿Tiene prácticas regulares que le ayudan a lograrlo? De no ser así, ¿qué está dispuesto a hacer para desarrollar y mantener algunas?

5. Un mayor sentido de propósito que usa nuestros talentos para la gloria de Dios se desarrolla lentamente para la mayoría de las personas. Además de eso, ¿cuánto de lo que Dios revela de ese propósito a menudo se relaciona con la temporada en que se encuentra la gente?

   • El fundamento: la preparación central para el futuro.

   • Autodescubrimiento: aprender quiénes somos y lo que podemos hacer.

   • Desarrollo de habilidades: obtener experiencia y perfeccionar las habilidades.

   • Ejecución: utilizar intencionalmente nuestras habilidades y talentos para la obra del Reino.

   • Inversión: confiarle nuestras habilidades y recursos a la siguiente generación.

   Nota: Las temporadas se superponen a menudo.

   Basado en esas ideas, ¿en qué temporada cree estar? ¿Qué hace para permanecer satisfecho con esa temporada?

   (continuado)

6. ¿Para qué cree que fue creado? Si no está seguro, ¿qué pasos dará para averiguarlo? Si tiene un fuerte sentido de propósito, ¿cómo puede usarlo para darle mayor gloria a Dios?

Tarea

Aparte tiempo para explorar maneras en que pueda vivir para un mayor propósito que sí mismo:

A: *Entréguese:* ¿Qué habilidades, talentos, recursos y oportunidades tiene que pueda poner a disposición de Dios para su gloria y para un mayor propósito? Ore y realice una lista. Luego busque revelación de Dios acerca de cómo proceder. Las respuestas que encuentre pueden ser por una temporada o por el resto de su vida. Permanezca con la mente abierta a lo que Dios le diga.

B. *Ayude a otros en el viaje de la fe:* ¿A quién ha puesto Dios en su vida? Es posible que Él los haya puesto con un propósito. ¿Qué personas no se han decidido espiritualmente? Haga una lista. Ore por ellos. Acérquelos. Busque oportunidades para hablar con ellos acerca de asuntos de la fe. Sea sensible a los desafíos y las luchas. Puede haber oportunidades para ayudarlos a comprender que Dios los ama y que desea ayudarlos.

¿Qué hay acerca de los creyentes que hay en su vida? Muchos pueden necesitar su ayuda para fortalecer su fe, encontrar su propósito o usar sus talentos. Esté disponible para entregarse a ellos para la mayor gloria de Dios.

Notas

Capítulo 1—La vida que usted desea:
Introducción de John C. Maxwell

1. John W. Kennedy, "The Debt Slayers" [Los asesinos de deudas], *Christianity today,* 1 de mayo de 2006, http://www.christianitytoday.com/ct/2006/may/23.40.html, consultado el 11 de noviembre de 2010.

2. "Statistics and Information on Pornography in the USA" [Estadísticas e información sobre pornografía en EE.UU.], BlazingGrace.org, http://www.blazinggrace.org/cms/bg/pornstats, consultado el 11 de noviembre de 2010.

3. "New Marriage and Divorce Statistics Released" [Se publican nuevas estadísticas sobre matrimonio y divorcio], 31 de marzo de 2008, http://www.barna.org/family-kids-articles/42-new-marriage-and-divercestatistics-released, consultado el 18 de octubre de 2010.

4. "Fastest Growing Churches in America" [Las iglesias estadounidenses de mayor crecimiento], *Outreach*, edición especial 2010, pp. 42, 43.

Capítulo 2—Esperanzas, sueños y demoras

1. Juan 10:10.

2. Paráfrasis de Juan 3:16.

3. 2 Samuel 12:8, énfasis añadido.

4. Efesios 3:20.

5. Isaías 61:1-3, 6.

Capítulo 3—El plan de juego de Dios para ganar en la vida

1. Génesis 37:5-9.

2. Ver Juan 3.

3. Juan 15:5.

4. Santiago 1:2-4.

5. Génesis 39:2-4.

6. Proverbios 3:11-12.

7. Génesis 50:19-21.

8. Génesis 39:3.

9. Génesis 39:23.

10. 1 Samuel 17:37.

Capítulo 4—Parábolas, béisbol y la vida de jonrón

1. John C. Maxwell, *Las 21 cualidades indispensables de un líder* (Nashville: Thomas Nelson, 1999), pp. 4, 6.

2. Mateo 22:37-39.

3. Colosenses 3:23-24.

4. Mateo 28:19-20.

5. 1 Juan 4:20.

Capítulo 5—El *home*: Cómo ganar con Dios

1. Frederick Buechner, *The Magnificent Defeat* [La magnífica derrota] (Nueva York: HarperOne, 1966), p. 13 (de la versión en inglés).

2. Génesis 25:23.

3. Génesis 28:13-15.

4. Génesis 28:20-21.

5. Génesis 27:19.

6. Frederick Buechner, *La magnífica derrota*, p. 18 (de la versión en inglés).

7. Eclesiastés 2:26.

8. Romanos 7:15, 18-19.

9. Mateo 7:7.

10. Santiago 4:8.

11. Juan 15:1-17.

12. Juan 14:23-24.

13. Juan 15:1-17.

14. Mateo 22:37-40.

15. Mateo 28:18-20.

16. Juan 15:5.

17. Joseph M. Scriben, "Oh, qué amigo nos es Cristo".

18. Juan 15:5, énfasis añadido.

Capítulo 6—Primera base: Cómo ganar en el interior

1. Barry Newman, "This Town Is Going Down, And Strawberries Share the Blame" [Esta ciudad está yendo en picada y las fresas comparten la culpa], *Wall Street Journal,* 19 de abril de 2010, http://online.wsj.com/artiche/sB10001424052702304172404575169014291111050.html?keYwordDs=skinhole, consultado el 14 de marzo de 2011.

2. Jueces 13:3-5.

3. Jueces 13:24-25.

4. Deuteronomio 7:1-4.

5. Josué 23:12-13.

6. Jueces 14:2, 3.

7. Números 6:1-8.

8. Jueces 15:15.

9. 1 Corintios 5:12-13.

10. 1 Corintios 6:9-11.

11. Malaquías 3:6-12.

12. Efesios 4:31.

13. 1 Juan 2:1-2.

Capítulo 7—Segunda base: Cómo ganar con los demás

1. Génesis 25:29-34.

2. Génesis 27.

3. Génesis 34:13.

4. Génesis 38:18.

5. Génesis 34:25.

6. Génesis 37:34-35.

7. Génesis 42:22.

8. Génesis 42:36, 38.

9. Génesis 45:4-8.

Capítulo 8—Tercera base: Cómo obtener resultados

1. Génesis 1:1.
2. Génesis 41:40.
3. Jueces 20:16.
4. 1 Samuel 17:34-35.
5. Mateo 25:15.
6. Lucas 19:11-27.
7. Marcos 10:37.

Capítulo 9—Anotar puntos: Cómo continuar viviendo y ganando a la manera de Dios

1. Santiago 4:3.
2. Eclesiastés 1:14.
3. Eclesiastés 12:12-14.
4. Lucas 12:15.
5. Mateo 6:19-21.
6. Mateo 16:26.
7. 2 Pedro 3:10-12.
8. Filipenses 2:9-11.
9. Romanos 11:36.
10. 1 Corintios 10:31.
11. Colosenses 3:23-24.
12. 1 Corintios 10:31.
13. Génesis 50:19-21.
14. Mateo 20:26-28.
15. Juan 3:16.
16. Stephen King, Commencement address, Vassar College, 20 de mayo de 2001, http://commencement.vassar.edu/2001/010520. king.html, consultado el 7 de marzo de 2013.